この世の結び
菊《くく》理《り》媛《ひめ》

庭山石松
庭山光太郎

Niwayama Kotaro　Niwayama Ishimatsu

風詠社

この世の結び　菊理媛《くくりひめ》◉目次

［お断り］

本書は故人の意思を尊重し、一部（誤字・脱字等）を除き、表記を含め筆者の執筆した原稿を編集したものである。

第一章の概要

お名前：菊理媛《きくりひめ》、別名ククリヒメ、奴奈川媛《ぬながわひめ》（奴奈川神社）、白山媛《しらやまひめ》（白山比咩《しらやまひめ》神社）とも呼ばれる。

菊理媛は、北陸糸魚川《いといがわ》で出生され、出雲の国、大国主命の妻神となられた。奴奈川媛命伝記によれば、大国主命は北陸に旅し、奴奈川媛命と結ばれた。後に一子・建御名方命が誕生した。

大国主命は、大和朝から国譲りを迫られ、承諾。しかし建御名方命は従わず、戦いに敗れた。奴奈川媛命は大国主命と別れ、我が子と共に逃げた。大国主命は、使者を派して連れ戻そうとするも、追いつかれ糸魚川付近で、建御名方命と別れ、自害した。

建御名方命は更に諏訪湖まで逃げたがそこで入水した。現代諏訪大社の祭神として、建御名方命、妃神の八坂刀売命《やさかとめのみこと》とともに祀られている。

庭山石松氏は昭和二十一年六月二十六日、入会が許されたばかりの新参者なのに、同九月二十八日、メシヤ様から特別御面会が許されたその席で名前を聞かれ「庭山さんか、庭には石と松が必要だから」と〝石松〟と御命名を戴きました。

昭和五十四年元旦、庭山石松氏の前に菊理媛命が御出現し、地上天国建設の御用を依頼される。同一月十二日、ククリヒメから菊理媛（キクリヒメ）となられ、いよいよ世に出られる時期が来たことを御教示いただいた。

一月十二日をもって、菊理媛命は現界御経綸にお出ましになられ、結びの御用を遊ばされることとなったのである。

第二章の概要

結びの重要性……原稿全体の話が結びの菊理媛（ククリヒメ）に通じる。ホツマ・古事記を通して神世の頃から、赤い糸の重要性は深く、夫婦について家族を思い直し、因縁、絆の大切さを考えてほしい。今は簡単に結婚して離婚してしまう。今の人達が忘れかけている事を思い出してほしい、その考える導入としての切っ掛けの本でありたい。

神は結びで、これからは結んでいかなければ人類は滅んでしまうだろう。

＊

光太郎さんは、「この本を書き終えたら大浄化が来る」と言われていた。その通り、ほぼ書き終えて霊界へ旅立たれた。

この本は庭山さんへの追悼文とする。

第一章　庭山石松（十郎）による考察

菊理媛命御祝言上

昭和五十四年の元旦は、完く温暖静穏な好天気に恵まれて、新年祭は目出度く執り行わせられた。元旦のお祝いは四海静波を思わせる雰囲気で祝盃を重ねた。午後五時そろそろお暇の時刻と思った時、菊理媛命が横川さんに憑られた。

「菊理媛なるぞ、今日　謹んで御祝い申し上げさせて頂きます。神界地上天国完成、これよりは幽界御経綸いよいよ始まります。

庭山氏には、白山神宮にてお目にかかり、これよりは私の仕事の分担として、御主神様の御用に、私の代理として御用にお励み下さい。出雲の石坂氏と協力して、地上天国建設に力の限り御用をして下さい。」

「御心に従い御用を勤めさせて頂きます。」

「長い歴史であった。今ここに又この御用にお使い賜ります事、この上もない光栄でございます。いよいよ地上天国は間近に迫り、私共と致しましてこの上もない喜びでございます。間もなく最後の審判も始まりますでしょう。一人でも多くお救い下さいます様お心掛け下さいませ。」

「畏まりました。」

「出雲と新潟、深い縁なれば仲良う御用をして下さいませ。」

「石坂さんとは力を合わせ、仲良く御用をさせて頂きます故、御安心下さい。」

「吾は糸魚川の生まれなるぞ。新潟は懐かしうございます。大国主命様にお目にかかり、縁あって妻神と致して、長い間お仕え申し上げて参りました。吾には一人子供が居ります。一度お詣りをして下さいませ。」

「糸魚川の天津《あまつ》神社でございましょうか。十月二十九日金沢へ参ります途中、糸魚川の上空に青空をお見せ下さいましたのは、その証でございましたのでしょうか。」

「如何にもそうである。」

「近い内に御参拝させて頂きます。」

「よろしく頼みます。」

「分かりましてございます。」

「これにて帰る。」

思わざるお出ましに緊張の内にノートを取っては居たが、お帰り遊ばされるやホットする間もなく、容易ならぬ責任感とも義務感とも言える様な感慨が湧いて来た。

菊理媛命様の御代理とは、果たして自分に勤まるのであろうか、何はともあれ宿命と感じて、御心のままに精一杯務める外はないと、覚悟は決まって来た。目出度き昭和五十四年の元旦にお出まし遊ばされ、代理の御言葉を賜るとは、殊の外意義深く千金の重みすら感じられるのであった。来る可き大浄化時代、大峠突入前の奇しき仕組みの一節とも思われるのであった。帰路の車中でも、御言葉を繰り返しては、奇しき神縁の神秘さを噛み締めてみるのであった。

奴奈川神社参拝

一月二日は朝方から降り出した雪で白銀の雪景色が見事に映し出された。ほんの一時間程の降雪で止んだ後は、今にも雨の降りそうな気配であったが、ご依頼の天津神社参詣の為、糸魚川に向け出発した。途中行く先々の雲は日本海からの強風で追い払われ、陽光が燦々と輝いた。まるで神様の道案内を頂いている様な感覚である。出雲崎《いずもざき》海岸の波は高く、雨の八号線は車の進むにつれて晴れ上がる様子は奇蹟的に思えるのであった。雲間を射抜く黄金の放射線は、海と空を神秘的に表現して、車を迎え入れてくれている様であった。

高田で小休止して糸魚川に着いた頃は夕闇も近い午後四時半頃であった。街はずれの天津神社には薄い雪が残っていた。元旦は雪で清められたと言う神主に案内されて御神前に進んだ。時に午後四時五十分。

天津祝詞を奏上して、昨日御依頼により参上、菊理媛命様の御代理として、地上天国建設の御用にお勧めさせて頂き、出雲の石坂氏とは仲良く御用に励みます故、御安心頂きたき旨を言上して御前を退出したのであった。

拝殿の隅に置かれた大きな火鉢に向かい合った神主の話では、奴奈川媛命は大国主命と共に奴奈川神社に合祀されてあり、天津神社の御祭神は天津彦火瓊々杵尊《あまつひこほのににぎのみこと》、天児屋根命《あめのこやねのみこと》、天太玉命《あめのふとたまのみこと》であるということである。

拝殿には奴奈川神社と浮彫された大きな扁額が掲げられてあり、拝殿の裏側に天津神社本殿と奴奈川神社本殿が並んで建立されてあった。奴奈川神社略歴の栞を所望したが、印刷打ち切りで皆無との事であったが、拝殿の壁に貼られてあった最後の一枚を剥がしてくれた神主の好意に謝辞を呈し、奴奈川神社本殿に御礼拝して辞去する頃には、すっかり夜の帳が下りていた。奴奈川媛命御生誕の地にとうとう御参拝出来た懐慕に浸り乍らも、御子建御名方命が合祀されていないのに一抹の心残りを感じ乍ら糸魚川を出発した。

奴奈川媛命伝記

糸魚川町々史編纂委員会の記録には次の様に媛命の伝記を記述している。

大国主命の北陸御経営の記録並びに史蹟に関しては稍々詳なるものありて存じ、吾人をして今日なおその史蹟を訪ね以てわが郷土の歴史に一点の光明を見出さんとする心を起さしむる因縁少しとせず。蓋し大国主命のわが越後、縮めて云えばわが頸城《くびき》地方の御経営は、奴奈川媛命との御関係によりて開かれ、而して此事に関する史蹟は今日なお伝説としてわが郷土が豊富に有するところなればなり。

更に今日、旧官幣大社諏訪神社として祀られ給う建御名方神が大国主命と此の奴奈川媛命との間に生まれさせ給ひし事、亦明らかに記さるる処なりとす。然り、而してわが郷土頸城。就中現今の西頸城《にしくびき》郡《ぐん》の中心をなせる糸魚川町附近に於て伝えらるるところの伝説の多くは此の大国主命と奴奈川媛命との御関係並びに建御名方神御誕生に関するものなること之最も注目に価するところなり。

「西頸城郡田海村を流るる布川の川上に黒姫山（二千五十三米）と云う山あり。奴奈川媛命の御母黒姫命の住居し給いし山なり。山頂に石祠あり黒姫明神と称す。又黒姫権現とも云う。此の神ここにて布を織り其の川の水戸に持出で滌曝まししによりて布川と云う。

此の神の御詠に

ここに織る此の荒れたえわかの海の

小島にいますわがせの御衣……と。

「黒姫山の半腹に福来口と称する洞穴あり、洞口高さ百五十尺、横七十尺遠く之を望めば門扉を開くに似たり。水洞中より出で流れて川となる即ち布川の水源なり。古昔、奴奈川媛命の布を織りし所なり。福来口は蓋し夫来ヶ口ならんと。」

「西頸城郡に姫川と云う川あり、糸魚川と云う町にあり、糸魚川は厭川《いやがわ》と書きしと云う。之、奴奈川媛命が今日の姫川を渡りなやませ給いてかく呼びたまいしによると。」

「糸魚川の南方平牛山に稚児ヶ池と呼ぶ池あり。このあたりに奴奈川媛命宮居の跡ありしと云い、又奴奈川媛命は此池にて御自害ありしと云う。即ち一旦大国主命と共に能登へ渡らせたまいしが、如何なる故にや再び海を渡り給いて、ただ御一人此の地に帰らせ給い、いたく悲しみ嘆かせたまいし果てに、此の池のほとりの葦原に御身を隠させ給いて再び出で給わざりしとなり。」

「奴奈川媛命は御色黒くあまり美しき方にはおわさざりき。されば一旦大国主命に伴われたまいて能登の国へ渡らせたまいしかど、御仲むつまじからずしてついに再び逃げかえらせたまい、はじめ黒姫山の麓にかくれ住まわせたまいしが、能登にいます大国主命よりの御使御後を追いて来たりしに遇わせたまい、そこより更に姫川の岸へ出でたまい川に沿うて南し、信濃北條の下なる現称姫川原にとどまり給う。しかれども使のもの更にそこにも到りたれば、姫は更にのがれて根知谷に出でたまい、山伝いに現今の平牛山稚児ヶ池のほとりに落ちのびたまう。使いの者更にその御跡に随いたりしかども、ついに此の稚児ヶ池のほとりの広き葦原の中に御姿を見失う。仍《かさね》てその茅原に火をつけ、姫の焼け出され給うを俟ちてとらえまつらんとせり。しかれども姫はついに再び御姿を現したまわずしてうせたまいぬ。仍て追従の者ども泣く泣くそのあたりに姫の御霊を祭りたてまつりしとなり。」

「根知谷上野村に御所《ごしょ》と呼ぶ所あり、小高く土を盛り四方切石にて囲む、之奴奈川媛命宮居の跡なりと。」

「根知谷に上沢《かみさわ》、大神堂の二カ所あり。上沢はもと神沢、大神堂はもと大神道と書きしが、明治六年地検の際現在の如く改めしなり。いずれも大国主命と奴奈川媛命とに関係ある史蹟ならんと土人云い伝う。」

「根知谷山口山にジンゾウ屋敷と呼ぶ所あり、之往昔奴奈川媛命の従者の住居せし跡にして、同谷山寺日吉神社裏山に奴奈川媛命の神剣埋めありと。」

「根知谷別所山に牛の爪の痕の三つ刻まれある岩と、馬の足跡の刻まれたる岩とあり。昔奴奈川媛命に懸想したる土地の神が、大国主命の来たりたまいて姫を娶らんとしたまいしを憤り、大国主命の宮居へあばれ込み、論争の結果、山の高所より飛びくらべをなし勝ちしもの姫を得る事にせんと約す。即ち土地の神は黒き青毛の駒に跨り、大国主命は牛に乗りたまいて、駒ケ岳の絶頂に立つ。茲に於て先ず土地の神、馬に鞭をあててその絶頂より飛びしに、かの馬の爪痕の残れる別所山の一角に達す。次に大国主命牛をはげまして飛びたまいしに、不思議にも馬の達せしところより二三町先なる地点に達したまう。之今日なお牛の爪痕の残れる岩のあるところなり。然るに土地の神この結果を見て、更に大いに憤り今一度勝負を争わん事を求む。大国主命快く諾いたまう。仍て土地の神先ず憤激にまかせて馬を飛ばせしが、天なる神の咎めやありけむ、僅かに駒ケ岳の中腹に達せしのみにて、しかも馬毫も動かず、そのまま石に化し了る。今なお駒ケ岳の中腹に馬の形したる岩石ありありと見ゆ。即ち之なり。而して此馬、石と化してもなお時候の変わり目などには折々寝返りをなすとは今日尚、土俗の信ずるところなり。」

「姫川の上流の松川に姫ヶ淵と名づくるところあり。之奴奈川媛命の身を投げてかくさせたまえるところなりと。」

「長野県北安曇《あずみ》郡小谷村に中又と呼ぶところあり、ここにて奴奈川媛命、建御名方神を出産ありしところなりと。此の地に小倉明神社あり。祭神は建御名方神、奴奈川媛命二柱なり。」

「姫川の上流姫ヶ淵の附近にコウカイ原と云うところあり。ここにて奴奈川媛命その御子建御名方神と別れたまいしところなりと。」

「糸魚川の地方にては毎朝鶏鳴を待ちて一同起き出で屋内門前等の掃除をなす。此れは奴奈川媛命の故事によりて今に替らず。これ当国中に曽て見得ざる所なりとは、越後風俗志の誌すところなり。」

以上の伝説に依れば、奴奈川媛命は御子建御名方命と別離後自害されたものの様である。大国主命と別離された原因は、色黒く美しくなく夫婦円満を欠いたと伝えているが、横川さんの霊視に依れば、気品麗しく御子を抱いて大国主命と共にお出ましになられたとの事であれば伝説は誤りであろう。浜本末造氏によっても、高志《こし》の国に美貌高き姫を求めて来たという事であれば猶更の事である。

では一体、大国主命が使者を派して媛命を連れ戻そうとした程であるのに、何故に別離の果てに自らの命を絶たれたのであろうか。恐らく国土奉還に伴う国土経営上の意見の対立であったのではなかろうか。大国主命と事代主命は恭順の意を表したが、建御名方命は飽迄も大和朝に反抗し、追われ追われて遂に信州諏訪湖に入水、龍神と化したと伝えられている。日本歴史前夜の古代時流の一大転換期であった訳である。奴奈川媛命は大国主命の意に反し、御子可愛さに建御名方命と運命を共にすべく決心されたものではなかろうか。糸魚川から真南に約百二十キロにある諏訪湖迄は行路難渋の旅程である。追手の急迫に足手まといをいとわれて、建御名方命と別離されて自害されたものではなかろうか。

神代の転換期に於ける古代哀史ともいうべきものであろう。

奴奈川神社の四月十日の〝けんか祭り〟と稚児の舞は古代史を偲ぶものであろう。二基の神輿が若者達に担がれて、凄まじい勢いでぶつかり合う様は、大和朝の軍勢と建御名方命の軍勢との抗争を表徴し、十二舞の内八舞迄が童子の舞であるのも、稚児の舞は子を思う媛命の愛情に捧げられるものではなかろうか。

大国主命の妻神として世界の王を生む母としての形而上の仕組みを果たされた奴奈川媛命が、哀れ非情の運命の下に姫川の露と消えられた御心中を想う時、痛恨の涙を惜しまないわけにはいかなかった。然し乍ら建御名方命は諏訪地方経営に大きな治蹟を残されている伝記もあれば、諏訪湖入水も確然としたものではなく、奴奈川媛命も亦入水自害の真偽の程は定かでないのではなかろうか。御仲睦まじくなく逃げ帰られたと同様に、後世の作為ではなかろうかと思いみるのであった。

諏訪大社参拝

「吾には一人子供が居ります。一度お参りをして下さいませ。」との菊理媛命様の御依頼を果たす為には、諏訪大社に御参拝をせねばと一月七日に信州に向かった。下諏訪には春宮と秋宮があり、今は秋宮に御鎮座と駅前の老紳士に教えられ、午後三時三十三分、御神前に御挨拶する事が出来たのであった。

天津祝詞を奏上して、菊理媛命様の御依頼により参上した旨御奉告申し上げ、地上天国建設の大経綸に御協力方をお願い申し上げたのであった。

拝殿の後方に廻って御本殿を御参拝する構造は出雲大社のそれによく似ていた。

諏訪大社由緒記によると左の四社で一社を構成している。

上社本宮　上諏訪　祭神　建御名方神

上社前宮　茅野市　祭神　八坂刀売神

下社春宮　下諏訪　祭神　建御名方神　八坂刀売神

下社秋宮　〃　〃　〃　〃

境域は上社本宮神体山を始め社有林等を合わせ約百町歩、全国に分布する諏訪神社の数も一万に近い。

建御名方神は建御名方富命と申し御父神は大国主命と申し、御母神は奴奈川媛命で御兄神は八重事代主命と申し、八坂刀売命は建御名方命の妃神にましまして、御子神十三柱ましましたという。だが実際は二十二子神があり、御斎祀されている御子神が十三柱という事である。

建御名方命は極めて勇猛にして偉大なる開拓神と言われ、殊に源頼朝が石橋山の挙兵に際し夢告に現れ、甲斐源氏に勝利を導かれてより武門武将の崇拝するところとなり、元寇に際し龍神となって現れてより、日本第一大軍神として崇敬を集めた。その外、水の神様、海苔の神様とも崇められている。

八坂刀売神は安曇の山野に拠った安曇族を母胎として出現された地方の女神として卓越した位置にあり、その国津神としての地位は高志の奴奈川媛命と共通せられたものと称せられている。

七年目に一回の御柱祭という豪壮な祭礼と共に、諏訪の七不思議と言われる行事がある。

1、氷湖の神幸（かみわたり）　2、元旦の蛙狩　3、五穀の筒粥　4、高野の耳裂の鹿

5、葛井の清池　6、宝殿の天滴　7、御作田の早稲

菊理媛命と建御名方命との御対面の儀を無事終了させて頂けた思いで、言い知れぬ安堵感が胸を一杯にした。如何でかお懐かしき御対面であった事であろうか。

いよいよ時節巡り来たりて、地上天国建設の御用に御使い賜る門出に当って、親子御対面共々大経綸に御参加の御神情を忖度して、千古変わらぬ御心に思いを致し胸熱き思いがするのであった。

菊理媛命御出現

昭和五十四年一月十二日　薄曇り、午前九時十分特別御面会のお許しを頂いた。

今日特別御面会の目的は、洛書の数の一考察の訂正を元旦に御手許へ差し出したのであったが、十一日朝、菊理媛命御祝言上文を御手許に提出させて頂いたので、其の御奉告も兼ねての事であった。

「そんな奉告が出ていましたね。あれは誰が見ても分からんですからね、かまわないですよ。」

右の様に主目的はさらりと宣り直して頂いて、昨年末来の気掛かりを一辺に吹き飛ばして頂いた御仁慈に恐懼したのであった。

続いて昨十一日の御垂示である天啓板の赤白緑の三色の御啓示について、次の様に御教示頂いた。

「一切は一から九迄の数字で示されるが、数字の芸術の根本は、一から九迄に造物主の意思が表明されている。

一　二　三　四　五　六　七　八　九

神と人　み　よ　ミ　ロ　ク　ひらく

〝神人ミロクの世を開く〟

そして十で経の五六七と緯の三六九が結んで完成する。造物主の御経綸は神と人とに依って、ミロクの世を造るという御計画をそのものズバリに表明されているのである。

右の御解明に対する証明として、天啓板に赤白緑のミロク色を御示し頂いたのである。」

次で元旦の午後五時、横川家訪問中、菊理媛命様御出ましになり、御代理としての御用に励む様との御言葉を頂いた事につき、御代理を勤めさせて頂くについての御教示を御願い申し上げると、次の様に御垂示を頂いたのであった。

「菊理媛は観音様ですよ。以前はククリヒメと言っていたんです。真理を極めた媛という事です。キクリヒメは十一画ですから二です。菊は十月の花ですから、十で神です。だから神理を秘めていたという事です。時期が来て表に出る時が来たという訳です。」

右の御言葉で、この日から菊理媛命となられ、いよいよ世に出られる事になった訳である。

ここで浜本末造氏の著述の中から、

「この神を白山の神霊として白山神社とし、越前では白山をイザナミの命として白山神社に祀り、加賀では沼河比売を花嫁として白山比咩命として祀っているのである。そして白山比咩を現世の最後のしめくくりの神として、〝ククリヒメ〟として祀っているのである。玉置山にこの神を〝チチ石〟と称し〝ククリヒメ〟として祀っている。即ち大国主命が越の国に沼河比売を求めたのは、この世の終わりを締めくくる皇后となるべき女性を求めた形而上の仕組みであったのである。」（『終末の世の様相と明日への宣言』　一三二頁）。

「広島に原爆を落とさせたのはククリヒメであり、長崎に原爆を落とさせたのは黒十字架である。広島は横、長崎は縦、二つ落として十字に結び、この十字をはずすのが被爆者の浄霊である。

ククリヒメは加賀の白山の白山比咩で、ククルとは天地、東西、南北、赤白を結ぶ事であるが、結ぶのもその逆の破壊もククリヒメの働きである。」（『今を生きるたった一つの道』 一四二頁）。

以上は浜本氏＝橘氏の説、扨《さて》、続いて、

「一度、糸魚川の御参詣を御依頼されましたので、糸魚川の天津神社、奴奈川神社とも申しますが二日に御参拝致しました処が、御子の建御名方命はお祀りされて居られないので、七日に信州の諏訪大社にお参り致しましたが、建御名方命は諏訪湖に身を投じて龍神となられたとお知らせ頂いて居りますが、如何遊ばされて居られるものでございましょうか。」とお伺い申し上げた処、「そういう事になっている様ですね。今は上の方の神様達は殆んど人間に憑られて働いて居りますよ。神様もやはり人間に憑らないと働けませんからね。まぁ神様の事は分かった様で分からないですからね。」と御答え頂いたのであった。

以上の要点の御伺い後、九時五十五分御面会を終了したのであった。

菊理媛命の御解明を頂いた事が、主要な御面会の目的に転化した思いが強く印象づけられたのであった。菊理媛命の御代理としての御役を務めさせて頂く事の宿命的感覚が、より濃厚に認識させられたと共に、身魂磨きの遠きを託って、精進に拍車をかける必要を痛感するのであった。

菊は十月であり、キクリヒメは十一画であるとの御垂示によって、十月十一日生まれを示唆遊ばされた様な思いすらするのであった。
※一九一四年十月十一日は六の年七の月九の日であれば、洛書の数の六の年に五六七と三六九の現界である七と九が続くのであるから、五六七と三六九の現界の結びの働き、十の御用とすれば、十郎の御命名もそこにあったのであろうかと、首肯されるのであった。不肖を度外視した宿命の厳しさすら感じられてくるのであった。

扨、帰りに日本橋の高島屋の八階で浮世絵版画展を鑑賞した。思えば昭和四十九年一月十一日、やはり日本橋高島屋の八階で、富岡鉄斎展を横川さんと鑑賞したのであった。現界経綸の出発の年にお江戸日本橋から出発する、東海道五十三次を思い出してみて、奇しくも亦同じ高島屋の八階で、菊理媛命様現界御経綸御出現の意義ある日を迎えた事は、一脈の宿縁の神秘を覚えるものがあったのである。

昨五十三年一月十一日は三越で富士名作展を、横川さん、家内と三人で鑑賞したのであったから、御経綸上特筆すべき重要の年の一月には、美術鑑賞が添加される様である。

真善美の現界たるを表徴するものであろうか。

※一九一四年―1＋9＋1＋4＝15＝1＋5＝6の年
十　月―6＋10＝16＝1＋6＝7の月
十一日―7＋11＝18＝1＋8＝9の日

秘隠の仕組・結言

昭和五十四年一月十二日はククリヒメの命が菊理媛命（キクリヒメノミコト）となられ、現界御経綸に御出ましの日となり、結びの御用を遊ばされる事になったのであるが、この年伊都能売の年の元旦に、菊理媛命様御出ましは、今後大浄化大転換の大峠を迎えんとする天の時に、重大なる意義を有するものとなるであろう。

菊理媛は観音様である。真理を秘めていたのであるとの御教えよりして、観音様の御代理を勤めさせて頂く奇しき神縁に思いを巡らせば、それに繋がる回想が次々浮かび上がってくるのであった。

■秘隠の仕組

世界の王を生むべき皇后のミタマを有する菊理媛命が、唯古事記に奴奈川媛命の御神名を見るのみであって、終末の世の締めくくりの御役としての菊理媛の御名は、世に現れぬ裏の仕組みとして秘められていた事は、夜の世界の長き耐忍の御経綸という可きであろう。

この菊理媛命の御代理の御用を賜る事となれば、それに相応しい秘隠の仕組みが今日迄の信仰過程であったのかも知れない。

木曽路六十九次の二十七年間は苦難の旅路そのものであり、秘隠の仕組みとは程遠い御浄化の禊と観ず可きものであった。去る昭和二十七年五月の自動書記にその片鱗が示されてあった様に思えるのであった。

「かくされてかくれし人のある世なり
　いづる時こそ光明の世に。」

「朝日待ち忍ぶ文字摺りしのぶれば
　今光明の世に晴れて出づらん。」

「あきらかにかみにつかえしみたまなれ
　うたもとざしてゆきつかんかも。」

メシヤ様から〝石松〟と御命名頂いて二十八年間、〝遺志待つ〟身魂であったのであろうか。

「松とは待つの世なれば時を待てかし。」と示されていたのであるから、待つ可き宿命の下にあった訳である。菊理媛命が秘められた仕組みの御役であった事によるものであったのではなかろうか。

思えば奇しき秘隠の仕組みではあった。

■結言

昭和五十三年逆転の年を終了するや、翌昭和五十四年元旦直ちに、菊理媛命様がお出ましになられたと云う事は、如何に時節の近迫しあるかを痛感せしめられるものがあった。終末の世の締めくくりの御働きから、秘められた神理の顕現の御経綸へと転ぜられ、一切が白日の下に晒されると共に、善悪正邪、清濁浄穢の判然と明白化する最後の審判は刻々と接迫し、而も、菊理媛命様の御代理拝命は、身に余る光栄として重大責務を、ひしひしと肝銘せざる可からざるものがあった。

菊理媛命様現界御経綸御出現に当っての回想記が、如何なる経過を辿り進展するか、或いは其の真偽の程のありやかになるは、時の推移と大神心に依るものであるが、己が使命の認識強化と、自己鞭撻の因としてここに認めて、大審判の結末を待たんとするものある。

「完」

短歌　菊理媛命現界御経綸御出現之記

御祝言上

伊都能売の五十四年元旦に、菊理媛はもお出ましにけり
神界に天国成りまし幽界の、経綸いよよ始まると言う
これよりは媛之命の代理とて、御用に励めと宣り給うかも
糸魚川懐かしきかも媛生れし、ゆかりの地とぞ告げ給うかも

我が阿子を一度詣でてたもれよと、御依頼あれば畏しこみてけり
御代理の御用賜り畏くも、心してこそ勤め行かまし
元旦に菊理媛はも出でますは、奇しき縁と意義深からむ

奴奈川神社参拝

翌二日心せきかね、糸魚川へと車駆るらむ
強風で行く先々の雲はれて、陽のさんさんと輝きてけり
神風の道案内を受けるかの、思いもすなれ雨を追いつつ
媛神の生れます越の糸魚川、懐かしさこそそぞろにぞ湧く
夕暮れて天津神社に着きければ、優しく迎えられし思いす
拝殿に奴奈川神社の扁額が、一際いとど目にぞ浸むなり
御前に畏しこみ代理の御役をば、勤めまさむと誓いけるかも
出雲とは特に仲良く勤むれば、御安心をと告げ奉るらむ
大国主命と合祀されあるも、御子の神はも在さざるなれ
御子の神建御名方命はも、諏訪に在せば尋ね行かまし
神情は人の情と似たるかや、御子を偲ばる媛命かな
菊理なる神の仕組みの生れ出でし、糸魚川はも珍の秘め里

奴奈川媛命傳記

布川に細布さらす黒姫之、命は媛の母神にあれ
黒姫に福来口なる洞穴あり、媛の機織る夫来ヶ口かな
姫川を渡るに媛のいといなば、糸魚川とは厭い川なれ
稚児ヶ池媛之命の自害せる、所と人の傳えきしかな
色黒く美しからねば背の君と、睦み兼ねてぞ帰り給うと
追う使者を避けて黒姫、姫川原、稚児ヶ池迄逃れけるかも
姿なく池畔の茅を焼きけれど、媛之命は遂に失せけり
媛命競い娶らむ故事ありき、馬と牛とで神競いけり
牛に乗る大国主命はも、馬に勝りて姫と結ばる
牛馬の爪跡残す別所山、馬の化したる岩の動くか
姫川の上流松川姫ヶ淵、媛之命の投身の場か
媛命小谷村字中又に、御子の命を生み給うかも
姫ヶ淵あたりぞ媛と御子とが、別れ給いし所にぞある
御子逃がし媛之命は自らの生命を絶ちて果て給うかも
背の君に逆らい御子に従える、媛之命の御心ぞ悲し
古代史の転換期なる激動に、媛之命の悲運ぞ哀れ

大和朝出雲に代わり政権を握れば時の定めなるかも
背の君の国土奉還こばみける、御子いとほしの御胸中如何に
姫川の露とはかなく消え給う、媛を想えば胸痛むらん
古事偲ぶ喧嘩祭と稚児の舞、糸魚川には媛に捧げむ

諏訪大社参拝

御依頼を果たさんとてぞ一月の、七日に下諏訪尋ねけるかも
信州の空はあくまで清く澄み、諏訪参向を嘉みされしなれ
秋宮に三時半ばに御礼拝、御協力方願ぎ申しけり
媛命御子との対面如何ばかり、深き懐慕につつまれしらむ
久方の神情いとも深からめ、千古変わらぬ御親子対面
時めきし大和朝軍迎え撃つ、建御名方命勇まし
さればこそ日本全国一万社、分布するはも宜なると言う
八坂刀売、妃神はも安曇郷治め給いし国津神なれ

菊理媛命御出現

今日はしも洛書の数の訂正を御詫びが主旨のお目通りたり

陽陰は知る人はなしそのままでよしとの御言葉賜いけるかも
赤白緑天啓板のミロク色御解明をぞ賜いけるかも
一から九神人《かみひと》ミロクの世を開く御経綸をぞ示し給うと
地上天国大建設の根本は数字の芸術仕組まれてあり
元旦に菊理媛はも出でまして代理の御用御伺いしぬ
キクリ媛そは観音なれど以前にはククリ媛とぞ御教示賜う
キクリヒメ十一画にあるなれば二にして真理を秘められしなる
菊こそは十月香る花なれば十は神なれ神理秘むなり
時来りいよいよ神理現れ出づる時を迎えて御出現かも
畏くも神名御解示賜るは初の事にて尊き事かも
今日よりは菊理媛（キクリヒメ）とぞ成りませる珍の仕組みの大いなる時
丹生都比売白衣観音奴奈川や白山比咩は菊理媛なる
終末の世を締めくくる皇后の御魂尊し菊理媛はも
八歳の童女は善女龍王ぞ世界の王の皇后《きさき》なるらむ
その神名丹生は朱なれば紅桜丹生都比売とぞ称えますらむ
花嫁の白衣観音その元は十一面なる御名にあるなり
白山に鎮まりませる神名を白山比咩と称えますなり

紀州では狐の嫁入りお荷物を担ぐは強力稲荷様
此の度の神の仕組みは裏日本裏が表に出る仕組みなれ
越の伊勢大国主と菊理媛妹背契りし九頭龍の池
天照大御神はも丹生都比売結ばる仕組みいよよ成るらむ
内宮に大国主と奴奈川の媛を迎えて順序とゝのふ
ククリとは天地東西南北《みなみきた》赤白結ぶ事にぞありける
結ぶ為破壊の役もククリヒメ広島原爆仕組まれしなれ
諏訪尋ね建御名方命はも如何がしつらむ御伺いすも
上つ方神々達は人間に憑りて働きありと宣給う
此の度は菊理の解明賜らむ為に頂く御面会かな
十月の十一日は菊の月十一画のキクリヒメかな
菊理媛出でましければこれよりぞ如何なる御用や賜るぞらむ

秘隠の仕組

菊理媛裏の仕組みと隠されてあれば秘めらる我が宿命かも
木曽路超え二十七年禊がれし御浄化こそは秘め仕組みかも
隠されて忍ぶ文字摺り密やかに唯黙々と辿り来しかな

石松は遺志待つ身魂にありしらむ二十八年夢の間のごと
自動書記想いてみれば奇しびなれ秘隠の仕組み辿り来れば
誰か知る菊理の秘隠そのままに我が身にありと夢にだもなき
菊理媛越の女王の御代理を果たせば正夢ならむとぞ思う

結言

菊理媛五十四年元旦に御出現かも時来たるかな
回想記如何になりゆく姿をぞ見とどけ行かむ大審判かな
厳かな神の宿命畏しこみて代理の御用を果たしゆかなむ

第二章　庭山光太郎による考察

【御挨拶】

何の前触れもなく、霊界通信を平成二十一年八月六日（八月六日は広島で原爆投下された日）に受けてより、全く予期もしない旅が始まったのでした。

霊界からの通信者、久子《ひさこ》ちゃんより、

『メシヤ様を頂点に三十柱位な神様が次々に御用を頂くお願いに来られている、私と先生は三十柱位な神様の一柱であられる妙理神（菊理媛・白山比咩）にお仕えしている』

という深奥の神界の状況を知らせて来たのですから、霊界通信など受けた事も無い者がいきなり、それも知りたくても到底知る事も叶わぬメシヤ様の御消息を伝えて来るのですから、その驚きは察しがつかれると思います。ホームページの掲示板に載せるや、読者の人伝えの結果は、翌平成二十二年八月九日（八月九日は長崎で原爆投下の日）、鎌倉での月次祭でメシヤ教の楳木《うめき》代表に会う事になるのです。そして、その月次祭で、自分もこの御神体を頂きたいと強く思ったのでした。それがまた、翌平成二十三年三月十一日の東日本大震災での津波、プラス原発事故から六日後の三月十七日には、大阪の枚方でメシヤ教に入会するのですから、あれよあれよと私の人生はこの霊界通信で大きく展開するのですから分らんものです。特に平成二十二年度は個人的に画期的な事が次々示されるようで、誰かが意図的に何かを知らせようとされてるようで、事の推移を書き綴るようになったのです。冊子なら出来そうな感じが沸々と湧いて来るのでした。実際にプリンターで印刷した冊子で救済活動に使ったものも二、三冊あったのです。ところがそれとは別にもう一件の課題を追っていたのです。それが「大メシヤの大経綸」の井上邸での御神業で、「メシヤ様、井上茂登吉氏と長谷川ナミさん（イザナミの尊の型・現界の罪を背負う）だけで御神事が行われた。最後の日、『これで間に合った、人類が救われる事になるんだ。あんた（茂登吉先生の奥様）は子供と一緒に大変な御用をしたんだ』と仰せられた。という一節が非常に気になっていて、興味津津たるものがあったのです。そこで『御神意の深奥を探る。……メシヤ様と関わる全ての人に贈る』と題して書き始めたのです。書き始めたのはいいのですが、菊理媛という神様はどういう神様なのかが何処を探してもないのです。白山比咩なら白山の御祭神であり、新潟市の総鎮守ですから馴染み深いのですが、ネットでは菊理媛はイザナギ、イザナミノ尊の争いの仲介役としてイザナギノ尊に禊《みそぎ》を勧める事や、三人の尊い皇子《みこ》をお生みになる事をイザナギ・イザナミ両神に告げるとイザナミはイザナギを追う事を止める、仲介役的御存在というお立場の神様という事が垣間見えるのです。菊理媛の別名は白山比咩、と妙理神、それに本尊仏が十一面観音と出ているだけで、菊理媛のいわれも、お働きも分からないのです。そこで「くくる」

のだから、締めくくりをおやりになる神様という事にしたのです。冒頭に原爆投下の日に通信があった事を敢えて書いたのは、つまり原爆により第二次大戦は終戦を迎え、終戦時に親父が福島で塹壕《ざんごう》堀をやっていた事。終戦が昭和二十年八月十五日で、翌二十一年九月二十八日にはメシヤ様に御面会が叶い、新参者なのにお名前まで戴いたのですから、親父にとっては終戦とは天国への旅立ちとでも言える切り替えであり、原発事故の因縁としては、親父の出身校が福島大学という因縁も絡んでの事故という事からすれば、破壊の締めくくりと、建設の始まりを告げる神様と言えない事も無い、尊い神様という事が出来るのではないかという事になったのです。

〈菊理媛に使われる親父の消息〉

最奥神界の消息に何故親父が出たのだろうか。菊理媛が白山様で、新潟の総鎮守という因縁と書きましたが、親父の消息が分かっただけでも有難く、少し書かせて頂きますのでご了解くださ い。

別に親父の自慢をするものではありませんが、年齢から言って第二次大戦に恰度働き盛りの年代だったのか、通常赤紙によって召集される兵隊は中尉まで、志願兵は中尉以上迄行けるのは暗黙の了解という事らしかったのです。親父は支那の戦場で山の上からの狙い撃ちで、身動きが出来なくなったのを打開する為に短い砲身の大砲を分解し、山の頂上に担ぎ上げ組み立てて支那軍のトーチカを狙った処四十九発全弾が命中し、明るい内に山を越えられて、友軍から非常に感謝された事を一回だけ話してくれた事がありました。この事があって、親父は赤紙招集の組ですから中尉止まりの筈だったのが大尉になったのでした。終戦の詔勅が下ると、「戦争は終わったのだから帰ります」と言うと「もう少し待ったらどうか、少佐になれる」と慰留されたのですが、軍需品を地元の役場に納めてさっさと帰宅したのでした。後に分かった事なのですが、地元の住民がお礼の意味で牛を潰し土産として牛肉をリュックに入れてくれたらしいのでした。まぁそれはいいとして、早く帰れてメシヤ様に御目通りが叶った事は最高の幸せだったと言えるでしょう。別に病気が治って世界救世教に入会した訳ではないのです。寧ろ一つ上の兄はガダルカナルで戦死しているのです。戦死と言っても病気により、退却の最中足手まといになっては兵隊に悪いとの思いで、自決したのです。後に生きて帰った兵隊から、「別れて暫くすると銃声が聞こえました」と最後を語ってくれたのでした。一つ上の兄はガダルカナルの捕虜収容所の所長で、脱走した一人の米兵を銃殺したかどで「戦犯」になったのですが、どういう訳か親父が間違って戦犯にされてしまったのです。それで親父は「国の為に命を懸けて戦って、終わってみれば戦犯とは何事だ」との思いは、「最早自分が信じたもの以外は信じる事は出来ない。この宗教は果たして信じ得るものかどうか、もし信じ得るものでなければ何としても阻止しなければならない」との感情と、一つ上の兄より召集令状が早かった為に、新発田の聯隊《れんたい》での教官は親父で、兄を教育する立場になっていたのです。兄は慶応を出ており、英語も話せるから捕虜収容所の所長になったばかりに、抵抗も出来ない者を殺《あや》めてしまった、兄の運命の不憫さを思えば、戦犯というレッテルは受け入れ難いものがあったのでしょう。ある種の犠牲とならなければならない運命を背負わされたのであろう事を思えば、伯父《おじ》への感謝の為にも御用に励まなければならないと思うのです。

昨日まで塹壕堀をやってた掌を洗って、メシヤ様に御面会をしてメシヤ様というお方に会ってみれば、ただ者ではない事が直ぐに分かってみれば、後は突き進むまで、今まで随分人殺しをしたからこれからは人を救うんだと決めて、兵隊の時の柳コオリ一つを持って家を出るのでした。

親父は支那で狙撃に遭い倒れ、一か月位意識不明だったらしく、戦死の通知が届くのですが、奇蹟的に一命を取り留めていたのです。左こめかみに銃創を受け、もう一ミリ深ければ私もいなかったでしょう。四センチくらいの弾痕は亡くなるまで白髪に覆われても分かるものでした。

それにもう一つ共通点といえば「十一面観音様」が関わっていたのです。先に「もう一件の課題を追っていた」と書きましたが、それが井上茂登吉邸での御神事に繋がってしまったのです。井上先生といえば「昭和五年秋に秘書役として側近奉仕を始めて、以後長く岡田の執事を務められ、本名は福夫」と年譜に記されています。何故福夫さんにメシヤ様は「茂登吉《もときち》」というお名前を与えられたのだろうか、「岡田茂吉」がメシヤ様の御名前ですから、御自分のお名前に「登」を加えて「茂登吉」とされてますが、「登」はメシヤ様の母上のお名前が「登里《とり》」で、その一字を真ん中に挟んでいるのですから十一面観音様という事になるのです。十一面観音様は頭のてっぺんに阿彌陀仏を載せていますから、観音様の母親を載せている事になり、井上茂登吉とは十一面観音様と見立てられたとしか言いようがないのです。とすれば、茂登吉先生は母親的役の菊理媛と見立てられたと考える事も出来るのです。しかも井上邸での御神事はメシヤ様が新しく生まれ変わる事を示唆されたものではないかという事にもなるのです。大日如来と十一面観音様は必ずと言っていい程御一緒にお祀りされているのですから、或いは菊理媛もそういうお役目があるのかも知れないとも思われたのです。勿論震災の三月十一日は十一面という事になってます。

ここら辺で止めてしまえばよかったのですが、骨子は天照大神と観音様の関係を書くようにとの御指示が来るので、それまでに書かせて頂いたものが、まだ物足りないと判断されている事は承知していたのですが、御教えには結構一杯あるのですが、ピックアップした資料が何処に行ったか分からないし（今はちょっと出てきましたが）、ぐずぐずも出来ないので、古事記研究家の浜本末造氏の説に共鳴した部分もありましたので、イザナギノ尊に首を切られた火之迦具土《ひのかぐつち》の神様まで手を伸ばしてしまったのです。ごちゃ混ぜになった状態のままに骨子として出してしまったのです。

読まれた先生からは『何だ、こんなものを書いて』、ときついお叱りを頂きましたが、「無理もないなあ」と、その申し訳なさに只々「恭順蟄居」のつもりで居りました。

ところが暫くして取次の方から戴いた御指示内容は、

・「菊理媛の事を今から長い時間をかけて、本腰を入れて調べて深めて行ったらどうだろうか？」

・「太陽神3」（長くてボツになった骨子）の菊理媛の処は実はかなり重要な事で骨子一回きりでは扱い切れるような内容ではない。

・「仲違いしたイザナギとイザナミの仲を取り持つような神様であり、古事記にはたったあのシーンしか出て来ない謎めいたお働きなので、夜の時代にはむしろあまり表面には出てはならない御存在だったのだと思うが、これからはその姫様の御働きが我々にも大きく関係してくると思われる。そこの処をまとめて皆に発表したらどうか」とのご提案を頂きました事は、誠に有り難く、何があってもやり抜くつもりで「ハイ！」と申し上げたのでした。然し、「ハイ」とお返事したのはいいのですが、取っ掛かりが皆目見当がつきません。兎に角家にある本棚を探す以外にはなく、探した本は、

・『秘められた日本古代史　ホツマツタヘ』松本善之助著　昭和五十五・七・五第一刷

・『言霊―ホツマ』鳥居　礼著　昭和六十・九・九初版発行の二冊でした。

やれやれと思って未知の世界に突入したのです。

菊理媛に就ては唯一日本書紀にそのお名前だけが載っているという事で追加資料として、

・『現代語訳　日本書紀』福永武彦氏訳　初版　二〇〇五年発行

・『日本書紀入門』最近活躍されている明治天皇の玄孫《やしゃご》（孫の孫）の竹田恒泰《つねやす》氏と久野潤両氏著　二〇一九年七月十四日第一刷発行

・『大判ビジュアル図解 大迫力！写真と絵でわかる古事記・日本書紀』加唐亜紀女史著　二〇一六年七月二十日発行

この三冊を用意しました。

という訳で「菊理姫」について書かせて頂く事になりましたので、何処までその真相に迫れるか、御神意に添う事が出来るのか、連続の失敗では後がありませんので、精一杯頑張ろうと思っています。

【序】

〈菊理媛との御縁を頂いた霊界通信〉

今回は思いもよらぬ霊界通信に接した。二〇〇九（平成二十一）年八月六日・二十三時三十分、深夜に携帯が鳴った。

この六日早朝、霊界の母との会話の内容をメモしなければと夢うつつのままに起きてしまったのが三時四十七分で、仕事を済ませ帰宅してからこちらに電話を入れたのだという。たまたま遅くまで起きていたから良かった。電話の主は二十七、八歳の青年である。去年二〇〇八（平成二十）年・五月十八日に母親を亡くし、単身東京方面で仕事をしている人である。その彼に六日三時頃というから随分と早朝である。母親が夢の中に出て来たという。しかし今回は二回目で、一度目は亡くなって三ヶ月後の八月に出て来たけど、二回目の今回はすばらしくきれいな着物を着ていたという事である。一人子である彼が浄化中で心配でならなかったのであろう、ぺたぺたと母親独特の生きている時と同じ浄霊の仕方だというのである。要するに熱の所在を探るというか、急所を探している仕草が同じなのだという。夢うつつのままに何気ない会話が始まった。

S君「お母さん、お母さんなの？」、夢の中で会話は始まった。というより母親はその枕元に居て、現実に対話しているのであろう。

母親「そうだ」って言う。母親に間違いないのが分かり、いろいろ会話しているのである。この時は二日連続で出て来て。

S君「お母さんそんなに出て来ても大丈夫なの、霊界は忙しくないの？」

母親「まだお前を浄霊する位の時間は有るから大丈夫だよ」とのやり取りがあったのです。それからちょうど一年後である。今回は何故出て来たのか。御神書からいくと霊界人が現界人の所に出て来れるのは三度まで許されるみたいだが、霊界人が出て来るにしても監督神のお許しがなければ出て来れない筈で、二日連続となると状況は違うと思われる。母親がお許しを願うことも別段なさそうだし、何か必要があって出されたものと思われるのである。と考えると私にとってはグッドタイミングだったのでした。どういう事かというと、八月一日揺るぎない信仰心を揺るがすが如き内容の手紙に接し、三、四日ふらふらと腑抜けのようであり、浄化中でもあり、おまけにパソコンも調子が悪いし、とにかく自己浄霊専一的日々でようやく腹も決まり、これで行くしかないと五日に第二弾のチラシ作成をこの掲示板に載せたのです。その間には前述の父の写真に向かって恨み言とも文句ともつかない言葉を発したのでした。そして翌六日の遅くに通信があったS君の電話に接し驚くと共に、やっぱりこのやり方に間違いなかったと確信を持てたのでした。

というのが父は平成六年に帰幽しており、その前年の平成五年にそれまでこれは絶対と思われた浄霊会を退会し、父亡き後は一人で働きながらも御用の一端にお使いさせて頂いていたつもりなのでした。故に自分が正しいものかどうかなどは知る由もなかったのですが気にもせず、ただ自分のやるべき事は「ホームページを以て『あまねく天国の福音を述べ伝える』しかない」との思いで精一杯やらせて頂く以外にないと腹をくくっていたのでした。そんな信仰に揺るぎを与えるような内容の手紙が届くのです。とはいえ揺るぎなどと言っても、長年の戴いているお陰からすれば揺らぐこともなかったという事ですが、一瞬でもそういう感情が起きた最中の、父からの応答であったのかも知れないと思えるのです。

よく霊界通信などというと、霊能者や死者が霊界で見て来た事を紹介したり、予言的啓示を与えたりするのですが、これは前年に霊界入りした人が直接息子に語ったものであり、リアルタイムの霊界の様相、それも現実界の様相も織り交ぜての神界の様相ですから、私ばかりでなく皆さんにも共有して頂かなければならないものとの思いで掲示板掲載に至ったのでした。

いつの間にか雑談が始まった。たわいもない雑談である。

母「石川遼はすごいねぇ」（本人はやらないが、見るに於ては全般にスポーツ好きであり、石川遼選手が全英オープンでタイガーウッズ選手と同チームで廻り、折からの強風で共に予選落ちし、帰国第一戦で石川選手が優勝した事を言っている、因みに息子は、もっぱらのテニス好きであるから潜在意識としてゴルフは息子にはない）。

息子「ところで今回の用事は何？　霊界はどうなってるの？」

面白い事に、霊界に居ても現界の事は何でも知っているようなのである。そして雑談の時は饒舌であるが、霊界の様相を話す時になると俄然言葉少なになってしまうという。やはりどこまで言っていいのかと気を使うのであろうか。

母「メシヤ様を頂点にその回りにいろんな神様が御用のお願いに来られている。今私達は『妙理（みょうり）神』の下で御用にお仕え頂いている」

母「霊界は厳正で至公至平で素晴らしい所だ。隠し事も一切許されない処だよ」「実は相当な失敗をやってしまい、先生（私の父）に助けられて何とか出来た」というような内容であったという。

最後の会話は、

息子「現界でお世話になって、またお世話になってるの」と聞いたら、

母「そうだ」って言って「一緒に妙理神の下に御用させて頂いている」という事であった。そして最奥神界の組織図の様なものを見せ、メシヤ様を頂点に三十柱位な神々が御用を頂きに伺っているのだという。我々が到底知る由もない最奥神界の様子を事も無げに知らせてくれたのです。

将に驚天動地の情報と言うべきであろう。

〈『ミョウリシン』と聞いて〉

私「聞いたこともないおかしな御神名だなあ、何か言い間違いか聞き間違いか、わざとボカされたのではないか」と聞いてみたが、息子は「『たえなる』という字に理科の『理』だって言うから、それをメモしなければと布団から起き上がって目が覚めたのが冒頭の三時四十七分でした」っていうのである。

私「それでは間違いないんだろう」ということで、電話の後で直ぐに『妙理神』でネット検索したらすぐに出て来て驚いた。『妙理神』って初めてお目にかかる御神名であって、私が知らないお名前だから通信を寄越した本人も恐らく現界にいた時に知っている筈はないのはほぼ間違いのないことだと思うのですが、検索して出て来たお名前は馴染みが大有りなのでした。父も生前『妙理神』というお名前は知らなかった筈ですが、この神様とは極めて懇意にしており、その神様に近しく思っていたのです。

そこでその神様の共通項を探るため浜本末造氏の著作に頼ることになるのですが、それが没になった骨子、「太陽神3」だったのです。あまり深入りしないうちにこの通信をくれた御婦人についてちょっとお話しておく事にします。

〈霊界通信をくれた御婦人の事〉

この方を紹介するのに一番手っ取り早い事は、彼女の通夜の席で読んだ弔辞が残っていたので載せてみたい。というのは現界との執着を断つ為の引導的追悼文で、引導とはいえ彼女は死の覚悟は亡くなる前から十二分に出来ていたものですが、自分の葬式は私が導師として執り行って欲しいとの願いもあり、戒名さえも希望に添ってつけて満足していたくらいですから、葬儀が亡くなった日にちの善し悪しとか、御坊さんの都合で延びるという事とかで、急拠旦那さんの親戚に本人の希望を述べたところ、社会通念上の所謂普通の宗派や仏式でなくとも一切をこちらの葬儀方式で構わないという事になり、俄《にわ》か導師となって、葬儀準備の僅かに空いた時間に書いたのでした。葬儀には事情を知らない方も来られるので、ありのままを書いたに過ぎないもので、当時霊界通信がある事等予想もしなかったし、まして掲示板に出すなど考えも及ばないことで、ただ導師としての役割上、とにかく葬儀を無事に済ませなくてはとの切羽詰った思いだけで書いたのでした。

追悼の辞　　久子ちゃんへ

久子ちゃん、お疲れ様でした。貴方が御浄化に入られて約二年ですか。その間に私が御浄霊をお取次ぎに、貴方のお家に通うようになって一年三ヶ月位になりました。その間にいろいろお話しましたね。霊界に行ったらいろいろな所へ行ってみたい、四十九日の間はまだ現界に居るから、本当に霊界に入る前にいろんな人の私生活を覗いてみたい、皆どうしてるんだろう、等と興味津々に話してましたね。今霊界から眺めた気持ちはどうですか。「やっぱり想像していた通り、よく見える」と言う声が聞こえてきそうです。貴方の方はたぶん倅さんのところを始め、お知合いのところに行って見ようと思っているのだろうけど、見られる方は大変だからまあ程ほどに頼むよ。

それはさておき、今回この御葬式は皆さんのご理解もあって、貴方の思う通りのお葬式になりました。なかなかこういうケースは無いものなのですが、これも貴方の一途な心がそうなさしめたものなのでしょう。そういう意味からいったら貴方はたいした者ですよ。

だいたい貴方とこの会との繋がりは、貴方がお母さんのお腹に居る時からの付合いなのですから。貴方のお母さんが、下腹部に違和感があって何かの御浄化じゃないかと思って、私の父が御浄霊のお取次ぎに行って、貴方が入っている事が分かったのですから、生まれる前から御浄霊を頂いていたという意味では私より早いのです。お互い生まれてから薬は入っていないから浄まって居る筈なんだけど、貴方が四十三歳の時に、朝の通勤途上の「結（むすぶ）」の県道で、二十五メートルも飛ばされるという大事故に遭ったのでした。そもそも事故というものはその人が生まれた段階で運命として決定付けられてくるものらしいのです。そして本来この観音様のお力を頂いていれば、事故もなくなるものなのですが、事故が起きてしまったということは、それなりの意味があったのです。それが今回の貴方の付きっ切りの御浄霊で分かりました。

貴方が事故に遭って駆けつけてくれた人に私の電話番号を教え、この処に電話を掛けてくれと言ったというのですから、よくもそんな事が出来たものかと不思議なのですが、とにかくこちらに運ばれて来るのだろうと、戸を全開にして待っていたのですが、なかなか来ず、救急車で運ばれたものと思って病院へ駆けつけたところが、寝台に載せられて手術台に運ばれる途中だったのです。それを見た私の父はすぐさま医師の処に赴き、どういう手術をするのかと尋ねた所、太ももから両足切断するという事で、「絶対にならぬ、全責任をもつから絶対に切らないでくれ」と医師に掛け合ったのでした。その時の様子を御子息のS君はまだ小学校の五年生位でしたでしょうか、おろおろしながらその光景を見ていたのです。「あんな優しい先生が鬼気迫る表情をされて医師に掛け合う姿は初めてだった」と、つい三、四年前にポツリとつぶやいたのでした。そういう訳で医師も仕方なく要望を取り入れ手術してくれたのですが、手術後に点滴や輸血もやらないように重ねて要望したところ、流石の医師もそれなら元の状態に戻すという事で、それは仕方なくこちらも折れたのでした。そして約二、三ヶ月の入院期間のある夜中に大出血をして、輸血した大部分が下血したのです。勿論全身蒼白。若しこれが看護婦さんに見つかったら又輸血される、両目の視力が無くなって、意識も朦朧としてくる中で、覚悟を決め、ちょうど私の姉が夜の付き添いで居た時に、「うちのSをよろしくお願いします」と言って、預金通帳と印鑑を姉に渡したのでした。姉も「人の命は神様のものなのだから総てを神様にお任せしましょう」と言って、看護婦さんに見つからないようにすっかり処理をしたのでした。翌朝見回った看護婦さんも顔面蒼白の貴方の顔に驚き、すぐさま主治医を呼びに戻り、駆けつけた主治医に、「総てを覚悟しましたからこれ以上の手当てはもうしないで下さい」と訴えたのでした。医師も素直に了解しそれ以後の輸血はなくなったのでした。然し点滴はどうしようもありません。

亡くなる三、四年前に体を見てあげるからと、腎臓と背中を当って驚いたのです。「これじゃあいくつ命があっても足らないぞ」と思われるほどに、腎臓部と背中が盛り上がっていたのです。あぁもう少し早く見てやればよかったと思ったのですが、こうなったらとにかくそこを浄霊しなくてはと、貴方の姉さんと御主人のYさんにお願いしたのでしたが、是が又吃驚するほど、盛り上がったのがなくなって来たのです。「これならいける！」と思って私もせっせと貴方のところに通うようになったのです。貴方の「いかなる事になろうとも、絶対に薬を体内に入れたくない、例え死んでも御浄霊でまっとうしたい」、「そういうことならとことん面倒は見る」是はお互い終生の取り決めとなったのです。

今私はインターネットでホームページを持ってます。その掲示板に色々書き込んでいるのですが、まだ少数ですが、その掲示板を見て、是で神様の御経綸というものが分かりました、大勢の人に見てもらうように働きかけようと思ってます、とのメールが届くのです。私は確信しています。やがて是に火がついたら世界中に知れるようになるでしょう。今『岡田茂吉全集』はもう手に入らないのです。その全集が奇跡的に全く手付かず新品のままの状態で手に入り、その拝読する期間を貴方の御浄霊が作ってくれたのです。若し通常の仕事についていたら、とても全集を読んで掲示板に発表する事などできません。まだ誰も感じては居ないでしょうが、貴方は大変な御用をされたのだと思っています。勿論経済的にもバックアップしてくれたのです。貴方が事故に遭わなければならない理由というのはそういう事だったのです。ですから私は貴方に対し物凄く恩義を感じますし、責任もあるのです。人の命は命令の命なのです。総て神様から使命を与えられてこの世に出てくるのです。その貴方の使命の最後の一端がそこにあったのです。勿論Yさんの妻となり、S君という御子息を世に出す使命も勿論ありました。いろんなところに回って神様の御用にお使いいただいたのも使命です。その最後の使命の締めくくりがそこにあったのです。それはずいぶん辛い使命であったでしょう。でもそれは貴方でなければ出来なかった事なのです。貴方のその信念がなかったら出来なかった事なのです。私はその信念を無にしない為にも責任があります。

貴方が御浄化に入られて、死亡診断書がいるからと、一昨年医師に顔つなぎに診断を受けに行かれたのでした。この医師も優しいお医者さんで、こちらのことをよく理解してくれた方だったのです。その方に一昨年の十一月血液検査をしてもらったら、血液色素は七・七でその時点で安静にして輸血をしなければならない状態だったのです。それが去年の六月に四・二となり、七月に三・三、十二月に二・一、今年の三月に二・〇にまでなったのです。そして「今月の十二日の診断日に、血液を見ましょうか」と言うと、医師もなかなか「ウン」とは言われないのです。このお医者さんも興味はあることはあるのです。何故なら「通常なら四・二の時点で立って歩く事など出来ないはずだ。第一、医学の教科書には三という数字はない」とその医師は言われるのに、それが二・〇にまでなってまだ歩くなんて医学的にはアンビリバボーであり、ナンセンスなのです。医学の教科書には三がないのに二があろう筈はないのです。つまりこの世の人間ではないという事になっているらしいのです。確かに貧血の人の血を抜く事は忍びない事は確かなのですが、そういう数値が出ると検査官から折り返し緊急ファックスが入るというのです。つまり早急なる医学的処置が必要という事なのです。医学的処置を一切お断りしているこちらの要望を聞いてくださってる先生にしてみれば、御自身の立場もそこで微妙になるのですから、なかなか興味はあるけどいまひとつ検査しましょうとは言えなかったのです。まぁ神様から寿命を延ばされていたのでしょう。大変な熱が出ても全く苦しいと言う事はなかったのですし、この連休には車椅子で御家族と亀田のキューピットまで買い物にも行かれたのです。私と車椅子でしたが桜の花見も出来ました。まあ頻尿だけはその分辛かったのですね。おしめにしてくれと頼んでも是ばかりは譲れなかったのですね。ときどき夜中の一時間に三回四回、多い時は五分おきのおしっこに付き合う御主人も流石にくたびれて、私も応援にいったのですが、流石に辟易し、こちらのわがままも言いましたが、それはごめんね。まぁもう少し経つとそれも濃密な思い出になるのかもしれません。然し介護の方達にもいい方達に恵まれましたし、なんと言っても御主人の献身的な看護には頭が下がりました。そして介護の方達にも、床ずれが全然ないし、よくぞ最後までおしめを使わなかった事には驚きだったとの声も漏れていたのです。とにかくいろんな事を残されて貴方は逝かれたのです。確かにもう少しの人生をと誰しも思う年齢ではありますが、皆さんの心からの御助力を頂かれ、御主人にはこれ以上ない程の献身的な介護をしてもらい、与えられた命を自然のままに生き切られ、思いのままの葬儀まで出されたという事は、それなりに納得されるところもあり、考えようによっては幸せ者ということが出来るのではないでしょうか。

最後のほうのおしっこの匂いは、やはり点滴のような薬品くさい物がありました。でも出来るだけきれいになって逝かれたのですから、ウンときれいなポジションが用意されてる事でしょうから、今度はそこでウンと御用に励まれてください。観音様のみ胸に抱かれれば、吾々には光の道しか見えないのがありがたいことです。話は尽きないのですがここらへんでお別れしなければなりません。

最後に私にも、当会にも多大な御協力を頂きました事を心から御礼申し上げてお別れの御挨拶と致します。本当に有難うございました。私の掲示板でのニックネームは good luck です。では GOOD LUCK！

以上で彼女のことは大体お分かりいただけたと思います。享年は五十七歳でした。

惜しむらくは、血液色素二・〇で生きている事は医学の常識を覆す重大事で、本来なら大問題となるべき奇跡的な事です。それをもっと見てくれた医師に強調すべきであったことが悔やまれます。最後の検査を若しやっていれば二・〇を下回って一・〇代に入っていたかも知れないのですから、医学的常識を遥かに超える奇跡をどう認識し、説明されるか聞くべきであったと思うのです。

『生まるるも　死ぬるも深きわけあるを　知らで世人を導きうべしや』

というお詠がありますが、神様の御心のままに全てをお任せして亡くなられた背景には、時期が来て御経綸の必要によって霊界通信をしなければならない役目を負って帰られたという事もできると思います。そのために神様はいろいろな準備も怠りなく「神様は気が利いて抜かりがない」という面をいかんなく発揮されたのです。

この御浄化が始まって私の家に御浄霊をいただきに来るようになってまもなく、御主人に転職の話が突然全く予期もしないで舞い込んだのです。それまでは夜間のタクシーの運転手で介護するにしても都合が良かったのですが、それが出来なくなるから浄化者本人は反対だったのです。相談を受けた私は「それは神様がそういうふうにされたのだから直ぐにそちらに行けばいい」と言ってやったのですが、まさにその通りで、今（当時）のタクシー業界は大変のようでしたし、それが一転して支店長付きの運転手として八時から夕方五時までの勤務でお金の心配は一切なくなったのです。体は楽ですし支店長はいい人だし、建設業会でも倒産の心配はまずないという会社で、最高の理想的境遇に置かれたわけです。

御教えには、「御浄霊の御礼は、今あるところから出せというのではない、それだけのものを与えるからそこから出せばいいのだ、それが本当の神様の力である」という有難い御言葉をまさに地でいったようになったのでした。

また一人息子のS君は二歳か三歳の幼児の時に椅子から転んで頭を強打し、それ以降断えず御浄化を頂きながらも成長したのですが、母親の亡くなる二、三年前二年連続で大浄化を頂いたのです。体験記にも載せてありますがとにかく本人曰く「発狂するのではないか」というくらいの頭痛に襲われたのです。たぶん脳腫瘍的なものが浄化して溶け出すと体積が増えるのですが、頭蓋骨があって行き場がなくなった毒素は脳を圧迫するわけですから、そのための激痛だと思うのです。それも一週間くらいの内に風呂桶で何杯分もの黒い煤のようなものを吐いて治ってしまったのです。それから恰度一年後の同じ九月に今度は温度計を振り切るくらいの高熱が出てものすごい「ふけ」がかさぶたのように出たのですがこれも一週間くらいで治ったのでした。幼児期の頭部打撲は何回も吐き気があったということですから、恐らくその時点で医学的には危なかったのでしょう。「頭部打撲による吐き気は命に関わるもの」と御神書にはありますから、一命を御浄霊によって取り留め、内出血やら薬毒を長年掛かって小出しになし崩して来て、最後の大浄化を乗り切ったわけですから、そういう体験を経て御浄霊にすべてを任せる下地が出来ていたというわけです。とにかく二回目の浄化の終わった後に髪の毛が抜けてきて、転職で関東へ出る矢先の事で本人は随分悲観もし、母親は私に泣きつくしで、いろいろありましたが、関東に出るまでにはすっかり元通りに髪もそろい、本人は記憶力が断然良くなったと言うし、営業成績も同期や先輩を三倍も出し抜き、幼児期、父親の転勤で住んでた土地が忘れられず、希望の地であってもとても中途採用の新人が望めないような土地に居られる喜びを語っているのです。

本題は霊界通信から受けた決定的経綸のお話なのに少し横道に逸れましたが、決定的なことを知らせる為の霊界通信もこういう下地といいますか、神様の段取りがあって出されたものという観点からすれば、まんざら横道とはいえない訳で、霊界通信を送る為の用意周到な神様の準備の一端であった訳です。勿論一から十まですんなり思い通りに行ったかといえば、御主人は浄霊をしてくださるにしても完全に信仰的に理解したわけではなく、医学志向があったのですが、家族会議で二対一の多数決でやむなく本人の希望通りにしてあげることになったのですが、神様の準備の前には自分の意思とは別に、御主人の本霊も従わざるを得なかったのでしょう。

霊界通信も二〇一一（平成二十三）年一月六日に「先生は日本の救いの為、滋賀、琵琶湖の近くに働いている」との通信と翌年七月三十日のS君の名古屋転勤に当たり、「今度帰る時はお土産を買っていくからね」というのに対して、「お土産はいらないのだよ。今は食べたいものは何でも食べられる所にいるんだよ。ここは神様のお声掛かりがないと居られない処なんだよ」というのが最後となったのでした。

【第一部　古文書の概略】

〈古事記・日本書紀〉

まず驚かされましたのは日本書紀と古事記では全く正反対な事が記されている部分が結構あるのです。例えば日本武尊《やまとたけのみこと》の伝説には、十二代景行《けいこう》天皇の時に日本武尊は天皇の命令で西国の熊襲《くまそ》退治にやらされます。日本武尊は宴会の席で女装して、気の緩んだ川上タケルを一刀のもとにかたづけてしまいます。無事に帰還して休む間もなく東国の平定を命ぜられるのですが、「父親である景行天皇は自分を恐れ、疎《うと》んじて遠ざけているのだ」と思わせてしまうのは古事記で、日本書紀では「天皇は、ヤマトタケの手柄をほめて、この御子を事のほか可愛がった」と書いているのです。何故こういう食い違いが起こるのかを想像すれば、古事記による日本武尊の伝説は、兄殺しの話から始まります。景行天皇がある日、小碓命《こうすのみこと》（ヤマトタケ）に何故お前の兄の大碓命《おおうすのみこと》は朝夕の食事の時に参らないのか、よく教えさとしてこいと命じるのですが、五日経っても大碓命は参出しませんでした。大碓命は父の天皇の妻となるべき姉妹を自分の妻にして、食事の席に顔を出さなくなったのです。天皇はその事を知らされず、小碓命にその訳を尋ねると、命は「大碓命が朝、厠《かわや》に入る処を捉えて手足を引きちぎって薦《こも》に包んで投げ捨てておきました」と答えたのです。そこで天皇は、尊の荒々しさを恐れて熊襲征伐を命じ、休む間もなく東国の蝦夷《えみし》征伐へと向かわせます、というのが古事記で、そこには親子の信頼関係はありません。ところがホツマでは全く反対で親密な仲、麗しい親子の情愛が通っていたと記されており、日本書紀はホツマ説を採用し、父親である天皇は武尊[※1]（たけのみこと）の艱難辛苦は天皇の憂いであったと記しているのです。[※2]タケノ命が亡くなるや、彼を偲んで転戦した地をくまなく巡って霊を慰められたと記しているのですから、如何に感謝し、愛しておられたかが伺われるのです。

ここの処を竹田氏に言わせれば「日本書紀は公式記録だからつまらない事もだらだら書いてあるわけで、古事記は読み物としての物語なので端折っている」との見解です。尤も分量にしても古事記が三巻に対して日本書紀は三十巻で、岩波文庫で比べると古事記は三四二ページ、日本書紀は二八〇〇ページで、然も正真正銘の漢文で、読み通すのは至難の業というのですから、確かにそれぞれの用途に合った必要性があっての事だったのでしょう。前に古事記を取り上げた事がありましたが、御教えにある「神様の解剖を将来書く」、「宗教と科学は一致する」という意味では古事記が最適だったと思えるのですが、兎に角ホツマタエは古事記、日本書紀の源流とも言えるものでしょう。ただ現在の言語学では日本には古代文字など無い、というのが定説で、言語文字も含め文化はすべて海外から移入されたものとなっていて、識者からは無視されているようです。

斯《か》くして私達は肝腎なものを置き忘れて来たのです。

※1　武尊―鳥居礼氏の本からの引用
※2　タケノ命―松本善之助氏の本からの引用

〈ホツマツタヱ・ミカサフミ・フトマニの三書について〉

この三書は「ヲシデ」と呼ばれる古代文字で書かれていて、「ホツマツタヱ」は三輪臣大直根《みわのとみおおたたね》子命《このみこと》が景行五十六年に編纂したのに伴って、伊勢神宮の祭主であった三笠臣大暁島命《みかさとみおおかしまのみこと》も、先祖の天児屋根命《あめのこやねのみこと》（春日大明神・中臣鎌足を祖とする藤原氏の氏神）の伝承をまとめた「ミカサフミ」を著わし、ホツマと一緒に景行天皇に献上された事になっているようです。ミカサフミは天児屋《あめのこや》根命《ねのみこと》の伝承をまとめたとなっていますが、ホツマは櫛甕玉命《くしみかたまのみこと》（大国主命）の伝承がミカサフミの始めの方に記されてあるという事です。つまり大国主命も一枚絡んでおられるのですね。

ホツマ・ミカサ・フトマニの三書は大直根子命の子孫の大加茂臣赤坂彦命《おおかものとみあかさかひこのみこと》に伝えられるのですが、四十八代女帝の称徳天皇（七六四年即位・光明皇后の娘）時、道鏡の謀計を知った赤坂彦命は女帝に訴えるのですが聞き入れられず、ついに赤坂彦命は自刃してしまうのです。この時点でホツマは地下に隠れてしまい、ホツマ三書は赤坂彦の子孫にひっそりと引き継がれていくのです。

櫛甕玉命《くしみかたまのみこと》（＝大国主命）→大直根子命《おおたたねこのみこと》→赤坂彦命《あかさかひこのみこと》→三《み》輪《わ》容聡《やすとし》……。

道鏡は権力を得ようと、国家の古書を焼き、日本書紀の天照大神を女神に改竄《かいざん》したものを天下に流布せしめた事が赤坂彦の子孫、三輪容聡の書いた「生洲問答《くにうみもんどう》」に書かれているという事です。

因みに「古事記」は七百十二年、四十代天武天皇の御意を受け継いだ四十三代元明天皇（女帝）の勅命によって太安万侶《おおのやすまろ》が、稗田阿礼《ひえだのあれ》の誦習《しょうしゅう》した帝紀や先代の旧辞を撰録したもので、その八年後の七百二十年に舎人親王《とねりしんのう》と太安万侶撰の「日本書紀」が完成します。

ホツマ、記、紀三書を比較していくと、ホツマが源で、記紀の更におおもとの文献であった事が十分考えられるという事です。そういう文献の纏められた最初のきっかけがヤマトタケの崩御の直後で、国の安泰を維持するためにこのような書物が編纂されたのですから、ヤマトタケノ命当時の国造りというものが如何に過酷であり、大変なものだったかを物語っていると思われます。ヤマトタケノ命は確かに腕力があったかも知れませんが、先々の事を考えた思慮深い方でもあったという事でしょう。

「三重」という県がありますが、「ヤマトタケの最期は足が腫れ上がり、三重にくびれた餅のようになったと嘆いたために三重の地名が付いた」ということらしいですが、これを書いてる二ヶ月前頃に私も足や顔の浮腫みを体験し、御浄霊により三日間くらいで引きましたが、涙亡くして読めない思いがしました。

松本善之助氏の『秘められた日本古代史　ホツマツタヘ』によれば、「ヤマトタケル」ではなくて「ヤマトタケ」が本当なのだと強調しています。熊襲《くまそ》の親分の川上タケルがタケノ命の胸への剣の一撃を受けその苦しさに耐えつつ喘《あえ》ぎながらもタケノ命に申し上げるのです。

「私は自分を日本国で一番の強者と信じていました。これまで何人《なんぴと》も私には及ばず、私は天下無敵だと思っていました。然し貴方《あなた》様は私より遥かにお強い。この様な方はこれまで見た事がありません。貴方様は誰方《どなた》でありましょうか」とお聞きすると、「私はコウスである」と直ぐに答えられたので、川上タケルは、「奴《やっこ》が捧げる御名をどうぞお召し下さいませ」と言うや、タケノ命が頷《うなず》くと、タケルはとても喜び、「今からはヤマトタケとお名のりください」と言いつつ事切れるのでした。

「ヤマトタケ」という名は川上タケルが「タケノ命」に捧げたものだったのです。

古代語で「タケル」というのは精神異常という事で、ヤマトタケノ命は絶対にタケノ命でなければならず、タケルノ命などと呼ばれるべきではないのです。……という事です。

ホツマの表現は機織《はたお》りを基本にしているので巻や章ではなく、紋《あや》と言い、すべて五七調の長歌と短歌によって綴られていて、ホツマは四〇紋《あや》で一二八〇ページ位、二書を加えると量的にはたいへん多いという事です。

〈ホツマツタヱについて〉

「ホツマ」とは狭義には古代の関東一円の地域を示し、広義には日本を賛美した言い方として使われます。日本書紀の神武天皇記には、磯輪上《しわかみ》の秀真国《ほつまくに》という言葉が出てきます。秀でていて整っている国の事とされていて、磯輪上《しわかみ》とは『秀真（ホツマ）国』にかかる枕詞《まくらことば》としてホツマを修飾しているという事です。

p256……ホツマの根本理念は、天御祖《あめのみおや》の心と一体となる道、即ち「天成道」です。そして「天成道」に必要な精神が、「直ぐなる心」です。

ツタヱとは伝えるで、日本では古いものを伝えていくという事が最も重んじられていたという事です。

記紀（古事記と日本書紀）からは読み取る事の出来ない日本文化の本質的な部分、骨組みを明らかにするのが「ホツマ研究」で、最近関心が高まって来たのは現代人が求めている日本の心とも言うべきものがホツマには沢山書かれているからというのです。

それと現実的に三内丸山《さんないまるやま》遺跡《いせき》が二〇〇〇年に国の特別史跡に指定されましたが、遺跡には住居群、倉庫群のほか、縄文時代前期中頃から中期末葉の大規模集落跡や、クリ、クルミ、トチなどの殻、更には一年草のエゴマ、ヒョウタン、ゴボウ、マメなどといった栽培植物も出土した事が分かったのです。その約二〇年前の一九八一（昭和五十六）年、南津軽郡の国道バイパス化工事の試掘調査に際して弥生時代の水田跡が十面程発見されるのですが、ホツマでは津軽が古代の都としてちゃんと出ているとの事で、特に重要な場所は、宮城県の仙台周辺地域を日高見《ひたかみ》の国と呼んでいて、日本文化の発祥地という事になっているようです。仙台周辺が日本最古の都である事は、ホツマをやっている者ならだれでも知っている事で、裏付けとして十四万年から三十七万年前の石器が出るとの事です。

そして富士山のことを蓬莱参山《はらみ》、孕《はら》み山と呼ぶのはイザナギノ尊、イザナミノ尊、が当地で『天照大神』を生んだことによる名前だと言われています。太陽神は最高の神様であり、富士山という気高い伊都能売神《いづのめのかみ》様の山頂に御誕生されたのですからこの時点で太陽神（天照大神）と伊都能売大神様とは切っても切れない間柄という事が出来るでしょう。ここの処の御教えを見てみましょう。

「世界を救う聖者は八人目に出る。釈迦は八人目と仏教側は言うが、釈迦は七番目、釈迦が七の五六七（ミロク）になるのです。釈迦は何処までも「七」の数字に支配されるのです。

私は伊都能売ですから「八」になるのです。五（日）と三（月）で八、伊都能売「八」という数字は富士山になる訳です。八は富士山の形。私は大和民族の宗家、大和民族は今の駿河の付近が発祥の地なのです（本当は富士山の上なのですが）富士山麓なのです。私は富士山と非常に因縁があるのです」

（講話集12巻・p３２８）

この神様の御誕生（天照大神）により「富士山麓は大和民族の発祥の地」との御教えは証明された事になるでしょう。

将に「秀れていて整っている国、秀真（ホツマ）」、こういう国に生まれれば自ずと清浄心をもとにした美意識が養われ、生活そのものが美しくなり、「直ぐなる心」、即ち正直な、真直ぐな心は天に坐《ま》す神々との一体感を感得することが出来るのだと思います。よく神社の通路に杉が植えられているのも「直《す》ぐなる心」を愛《め》でられるからであるという事です。

＊ここで面白い出来事があったのをお伝えします。令和二年三月三日、この日はメシヤ降誕本祝典の佳き日です。メシヤ会館二階の御遺作展を見学していたのです。すると、全然見も知らずの年配の御婦人から声をかけられるのです。何を言っているのか良く分からない言葉で、話しかけられるのですが、どうも御書体の前の写真が気になってるようで、何処を映したものかを確認したい様な素振りなのです。それでちょっと失礼してそのお写真を取り出して何を聞きたいのか尋ねたのですが、アレと思ってよく見ると伊豆山の稜線の後ろが富士山なのです。しかも富士山の「八」文字の下の開き具合が、熱海瑞雲郷の敷地幅と一致して富士山が写っているのです。思わずこの写真は何処から撮ったのか、受付の人に聞きに行ったのです。そしたら「全然分かりません。長年勤めていて見た事もありません」との事でした。あの叔母さんを通して、これが「ホツマ国なんだよ」とメシヤ様から見せてもらったようで、「あぁ神様はここまでおやりになられるのか、心底、恐れ入りました」と申し上げるしかなかったのでした。

＊（追）「またヤマトタケは相武《さがむ》の小野（現在の神奈川県厚木市）で城攻めをした際に、その城の鎮火を祈り『火水（ひみつ）の祓ひ』を唱えるのですが、その祝詞（ノト・のりと）に応えてハラミ山のコノシロ池（春先に富士山の頂上付近に現れる幻の池）に住むというタツタヒメ（龍田姫）という龍が現れて大雨を降らせて城を鎮火したという話があり、ヤマトタケは龍田の神と縁が深かったようだ」とネットには出てました。龍田の神とは兄花咲耶姫《このはなさくやひめ》（伊都能売

神)、正守護神は金龍神との事は皆様御承知の通りです。

【第二部　フトマニについて】

〈言葉は神なり〉

モーゼ五書は、旧約聖書の五編の書で、創世記、出エジプト記、レビ記、民数記、申命記となっているとのことです。『創世記』は、旧約聖書の最初の書です。そこには「神は『光あれ』と言われた。すると光があった」とあり、新約聖書の「ヨハネによる福音書」の冒頭の記述を日本語に訳した表現として「始めに言葉ありき」の解釈は複数唱えられており、世界のあらゆるものは全て言葉によって成っているという解釈などがあります。

はじめに言葉ありき。
言葉は神とともにあり。
言葉は神なり。
よろずのもの、これによりて成る

このように言霊によって全てが創られて行くという事は、言霊とは神という事になります。西洋に於ても言霊というものの重要性には気づいていた事が分かります。然しフトマニは西洋での言霊の重要性の奥の院を解説したもので、一音一音の音義（読みと意味）をはっきりと説かれていて四十八音を神として祀るフトマニ図は、「言霊構造図」とも言うべきもので、言わば言霊による曼陀羅図と言ってもいいのではないでしょうか。

〈フトマニの解説〉

・真ん中の三文字は「アウワ」三神
・次の〇の文字は「トホカミエヒタメ」八神
・次の〇の文字は「アイフヘモヲスシ」八神
・外側の◎の二層の文字は三十二（ミソフ）三十二神、
全部で五十一音、五十一神という事です。

図1（フトマニ図）　ヲシデ（古代文字）のみ

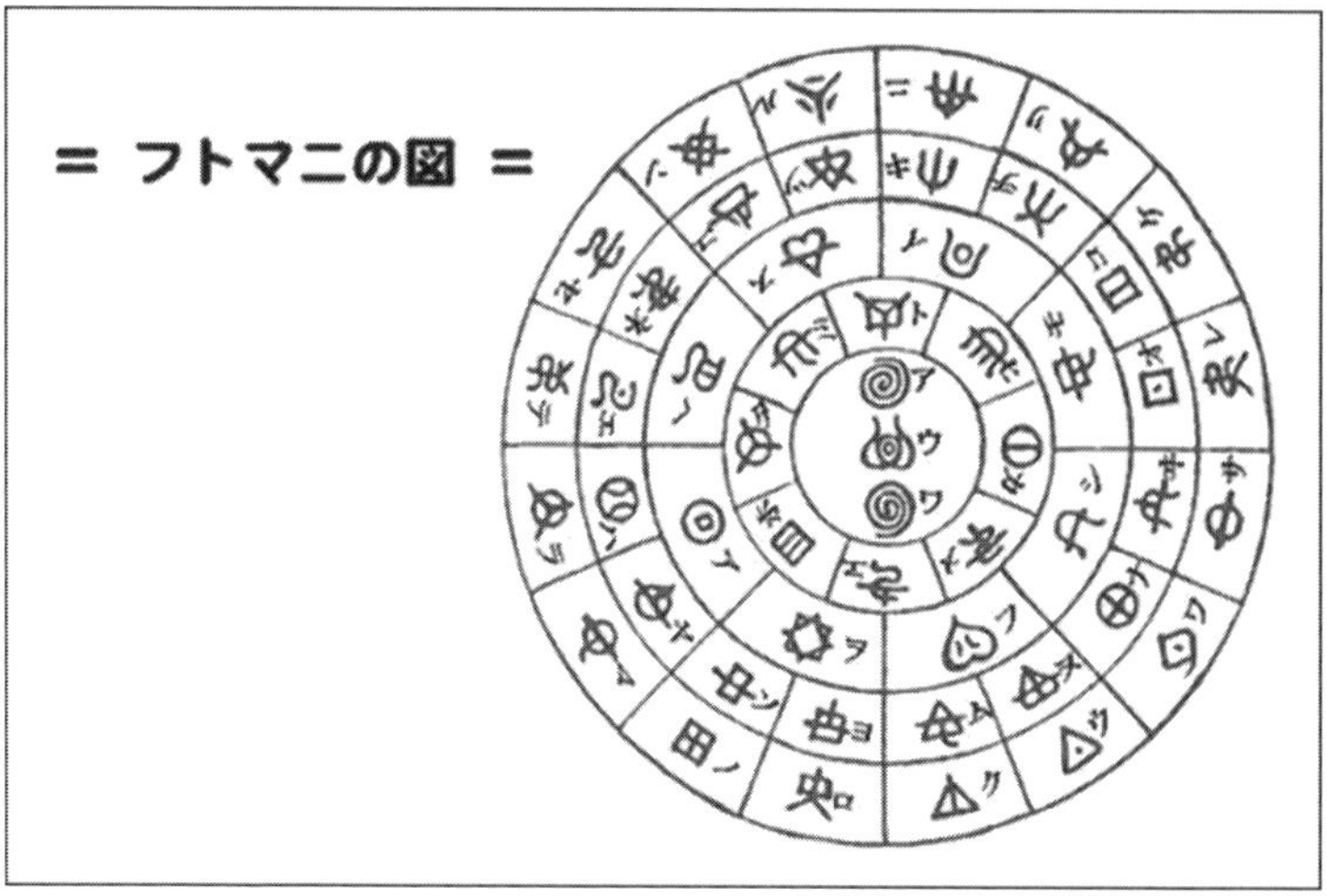

図２（ヲシデとカタカナ）
一音一神で五十一神が並べられている

（アワの歌）

父音＼母音	○	∩	△	ᒣ	□
・	ア	イ	ウ	エ	オ
丨	カ	キ	ク	ケ	コ
‖	ハ	ヒ	フ	ヘ	ホ
十	ナ	ニ	ヌ	ネ	ノ
丅	マ	ミ	ム	メ	モ
Ｙ	タ	チ	ツ	テ	ト
人	ラ	リ	ル	レ	ロ
一	サ	シ	ス	セ	ソ
⊥	ヤ	ヰ	ユ	ヱ	ヨ
◇	ワ		※		ヲ

（ヲシデと五母音）

従来の太占（フトマニ）とは、
「太占」「太兆」「布斗麻邇」などの漢字が当てられ、「太」は美称、「占」は任《まま》の意とされ、卜占《ぼくせん》の方法は、牡鹿《おじか》の肩の骨を、カニザクラ、カバザクラ、カンバ、イヌザクラなどの木皮を炭にしたもので焼き、そこに現れる割れ目の模様によって吉凶を判断するものとされていて、古事記の鹿の骨を使った占い方を「鹿占（しかうら）」と言い、「亀占（かめうら）」というのもあるけれども、卜占の方法は正しい伝承を欠いたものと言わざるを得ず、ホツマ・ミカサ・フトマニ三書に、その詳細な伝承と、それを使用した記事を見ることが出来るというのです。

その訳は鹿占・亀占という図ではなく、図1の「トホカミヱヒタメ」八神とその外部を取り巻く◎の外側の文字の三十二（ミソフ）三十二神の音の組み合わせをもとにして形成されている百二十八首の和歌を選び詠んで吉凶を判断するというのですから、どこまでも言霊を重要視していた事が分かります。

もう少し詳しく言うなら図2の、三番目の○は「アイフヘモヲスシ」八神で、「ア」と三十二（ミソフ）神の組み合わせは、アーヤマ、アーハラ、アーキニ、アーチリとミソフ二音との組み合わせが十六通り出来、アイフヘモヲスシの八音をかければ百二十八通り（十六×八）の組み合わせが出来、その音を詠み込んで和歌がつくられ、天皇が御自身で判断を下しかねる時などに、フトマニの一首を選んで歌中の内容を参考にされたとの事です。

例えばアーヤマは、

天（ア）の山の　中　空神（うつろい）か

天地（アワ）の砂　九星（こほし）の胞衣（えな）の

宗源（むね）ぞ編みける

（解説なし）

以上のようにフトマニというのは吉凶占いという事が出来るのですが、骨とか象（かたち）あるものではなく、言霊により合理的に占っていた事が分かります。然しそればかりではなく、フトマニ図とは究極の真理を解説した書としか思えないのです。

図1のフトマニ図に、
・真ん中の三文字は「アウワ」三神
・次の○の文字は「トホカミエヒタメ」八神
・次の○の文字は「アイフヘモヲスシ」八神
・外側の◎の文字は三十二（ミソフ）三十二神、
全部で五十一音、五十一神という事は載せました。

この中で真ん中の三文字の「アウワ」三神の位置関係こそが、宇宙の法則を秘めた重要な方程式となっていると考えない訳には行かないというのです。そこで先ず、次の題から見て頂きたいと思います。


〈フトマニ中心円の三神「アウワ」の音義〉


図2（ヲシデとカタカナ）の図に「アウワ」三神とその下にアワの歌が載っています。

「アワの歌」を見ても分かりますように、「ア」は言霊では最初の一音です。「ワ」は四十八音の最後の一音ですから、「ア」と「ワ」で「天地」となり、その真ん中が「ウ」で、「ウ」は生む」「動く」「初」（はつ・うい）との義で、「アウワ」を漢字に当て嵌めれば「天初地」となり、天地が初動する、即ち「天地開闢」という事になり、これ以上奥深いものはないのです。ホツマの紋には天地開闢の時、「ウイの一息」が回った事が記されていて、「ウ」は原初の動きが始まったことになります。御神名を以て表現される神様は、天御中主神《あめのみなかぬしのかみ》という事なのですから、この神様以上の神は居られないのですから大宇宙そのものの御神名という事になる訳ですが、三神となってますので後の二神の御神名は高御産巣日神《たかみむすびのかみ》と神御産巣日神《かむみむすびのかみ》という事になる筈なんですが、何故かこの二神のお名前はホツマでは仲々出て来ないのです。その代わりに「アウワ」を天御祖神《あめのみおやのかみ》として三神を一括《くく》りに組み込まれたのかも知れません。もっとも「ア」は「天」であり、「霊」であるなら、「ワ」は「地」であり「体」という事になれば、「ア」は「霊」の高御産巣日神で、「ワ」は「体」の神御産巣日神となり、靈と体を生み出す潜在エネルギーが「ウ」で、天御中主神という事になるのでしょう。

古事記では「造化の三神」として独りでになりませる神という事になってるのですが、日本書紀では、最初に現れた神は「天御中主神」ではなく、「国之常立神」となっているようです。「ホツマ」は「天御中主神」は肉体を有って出られたとはっきり書いてあるのですから、現実的ではあります。

・原文14紋ｐ６（14紋《あや》の６ページ目との意味）

天御中主尊《あめのみなかぬしのみこと》の神はこれ
八百万国《やもよろくに》に　万子《よろこ》生み
皆配り置く　人の初《はつ》

天に還《かえ》りて　天御祖神《あめのみおやのかみ》

これを現代風に直せば、

「太初《はじめ》の神を天《あめ》の御中主《みなかぬし》と名づく。地球八面《くにたまやも》を巡り、人を生みて後、天に帰り給ふた。然る後、天祖《あめのみおや》の神、再び現神《かみ》と生まれて主君となり、天の常立《とこたち》の道を以て人を教え給ふた。故にその神を国常立尊と名づく。此神、地球八面《くにたまやも》を経営し給ひ、八神を生みて八面《やも》に別《わか》ち君主となす。その八降子《やくだり》がトホカミヱヒタメ八神であると。……

「上記の、天御中主尊や国常立尊の音義を考えて見ましょう。天御中主尊の「天」は、天より初めて人体となって分け降った神を表し、国常立尊の「国」は地《くに》に初めて「常世《とこよ》の道」を広め、人々を教化したという事を表わしていると考えられます。

この「天」と「国」に注目して、先の「アウワ」に当て嵌《は》めてみるとどうでしょう。「天御中主尊（天）・原初に生まれ出づる・国常立尊（地・国）」とする事が可能だというのです。従って「アウワ」とは、天御中主尊が生まれかわって国常立尊になったことを表した言葉と考えることも出来る」という事のようです。

種々《いろいろ》考えられてますけど、最終的には「原初の神々に関するホツマの記述は難解である」と本音が出てますが、メシヤ様の御教えによれば、「国常立神」は人間として生まれたが、「国常立神」に「大」を付けた「大国常立尊」は造物主、主神様で在らせられるんだからね」、（つまり国常立尊は天之御中主神と同じと言外に仰せられている訳ですから、流石《さすが》ですね。）

『主神様とメシヤ様』のp337には、
「すべて神様の事は固定的に考えてはいけない。融通無碍である。しかし国常立尊の様な神は大神と言っていい」とあります。

〈「トホカミエヒタメ」八神・「アイフヘモヲスシ」八神・三十二（ミソフ）三十二神に就て〉

2紋p2
国常立尊《くにとこたちのみこと》　常世国《とこよくに》
八方《やも》八降《やくだ》りの　皇子《みこ》生みて
皆その国を　治めしむ
これ国君《くにきみ》の　初めなり
世継ぎの神は　国狭槌尊《くにさづちのみこと》
サキリの道を　受けざれば
サ槌《づち》に治む　八王子神《やみこしん》

この文を現代文に訳せば、
国常立尊は常世の道の教えを以て治められ、常世国を築かれ、地球《くにたま》八面《やも》に八降《やくだり》の皇子《みこ》をお生みになられました。これが国君《くにぎみ》の始めです。この世継ぎの神を、国狭槌尊《くにさづちのみこと》と呼びました。「サキリの道」（国家を分裂しないで統治する制度）の教えによって国を治められ、その教えに従わぬ者を、サ槌《づち》を以て討ち殺し平定されたのです。それが「トホカミエヒタメ」の八皇子神《やみこしん》です。

この八神こそ伊都能売神という事が出来るのではないでしょうか。国常立尊様は此時すでに伊都能売神の要素は備わって居られたという事でしょう。兎に角、天御中主神様はプラスマイナス「0」の潜在エネルギーで、伊都能売性そのものでも在られる訳ですから、国常立尊様もその要素が引き継がれて、そのまま八皇子《やみこ》がお出ましになられたという事でしょう。この八皇子が国君《くにぎみ》となられ、国狭槌尊《くにさづちのみこと》と呼びました。八皇子《やみこ》は八方《やも》の国に散り、八民《やたみ》を治めたという事から、「八」という数字の関わりが当初から現在に至るまで連綿として重要な要素を占める事となるのですから、如何に伊都能売という神様の御働きが広範囲に展開されているかが察せられます。

国常立尊の皇子《みこ》は八方《やも》の国に散って、それぞれ、トの国狭槌、ホの国狭槌というふうに言われ、八皇子がお生みになられた子孫たちは、三種の位の「君（きみ）、臣（とみ）、民（たみ）」を形成していくのでした。

言葉を換えれば、「八皇子は、八方《やも》の国に散って、八民《やたみ》を治めた」という事でしょう。更に時は進み、国狭槌尊（トホカミヱヒタメ八神）がおのおの子を五柱ずつ生んだ。この世継ぎの君をトヨクンヌノ神と申し上げる。このトヨクンヌノ神が天から三つの術を分け与えられ、「初めてキミ（君）とトミ（臣）とタミ（民）の区別が出来た」。この神には百二十柱もの子がいたが、ただし女子はなく、男神のみであった。こうして国としての体裁を作り乍ら、長い長い三代の時代は過ぎて行った。

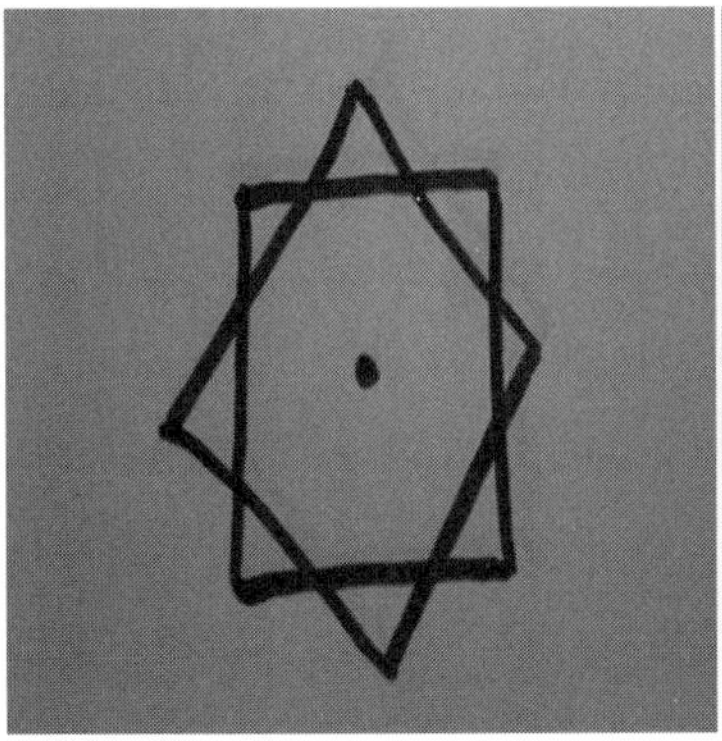

トホカミエヒタメ神

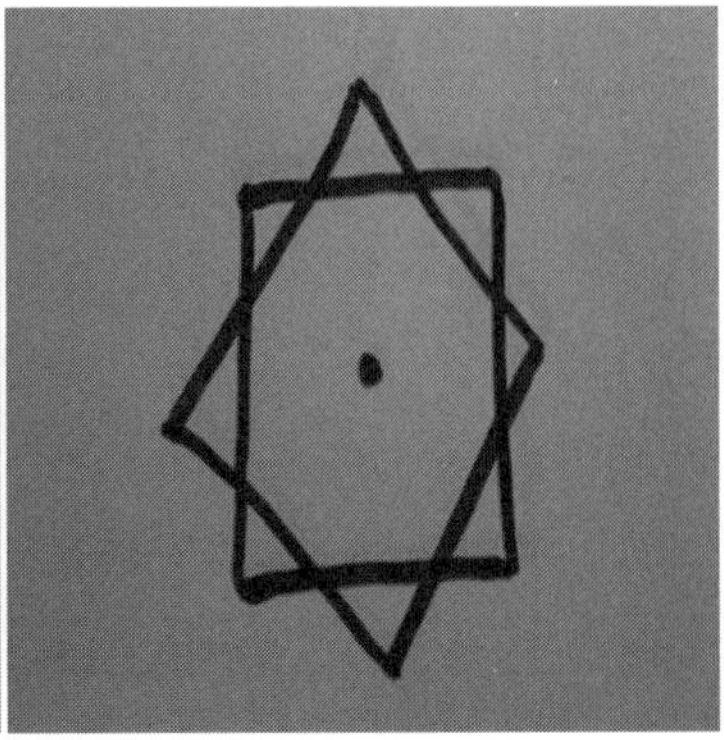

アイフヘモヲスシ

以上が、①クニトコタチノ神、②八柱のクニサッチノ神、③トヨクンヌノ神の三代であると。

ここで鳥居礼氏の本によると「その教えに従わぬ者を、サ槌《づち》をもって射ち殺し平定された」とあり、松本善之助氏の本によると「国を清《さ》やかな霊《ち》力を以て治めたので」クニサッチノ神と申し上げる」となっていますから、色んな見方があっていいのでしょう。

・八角の星形を描くように並んでいます。

・ホツマ文字（ヲシデ）のヲは前記の図（点）と同じです。

・「ヲ」は国を治むるのヲ。八角の中に一角（点）有りて、都合九角となる。

・天御祖神《あめのみおやのかみ》の一角（点）と周囲の八皇子神の八角で、つごう九画になり、この九神が国を治る君の位となるという事です。

ここで読者の皆さんは『国常立尊が、地球八面に八降の皇子をお生みになられました。それが「トホカミエヒタメ」の八皇子神』と言えば、国常立尊様には元々伊都能売性が備わって居られたという事にお気付きになられたと思いますが、この時点ではまだ伊都能売神様はお出にはなられていないのですね。但だ御経綸の深さが感じられます。

〈「フトマニ」、の由来〉

そして17紋11pと、大直根子命《おおたたねこのみこと》の長歌にフトマニという言葉が創られたと書いてます。

○トオカミヱヒタメの八神《やかみ》は、人の魂の緒《を》を、含み降らせて永らえを　結び和《やわ》せば……から、含みの『フ』

○アイフヘモヲスシの神は　東（キ）西（ツ）中（ヲ）南（サ）北（ネ）、五臓六腑《ゐくらむわた》を整えり……ととのえるから、ととの『ト』

○三十二（みそふ）神は……眉目《びもく》、貌《かたち》を、日と夜の流れの随《まにまに》守護する……の、まにまにから『マニ』で「フトマニ」になるというのですから、書いてる私も一寸苦しいかなと思いますが、とにかく三位《みくら》（元・中・末）の神の言霊的作用の略が、『フ・ト・マニ』という事です。東西南北を「キツサネ」と読ませ、中央に「ヲ」（国を治むるのヲ、中心、君）を入れて「東西中南北」を「キツヲサネ」と読ませているのは、本当にその音の義を決める素朴さと、文字の初期時代はやはり相当なご苦労があったのだろうと思えてしまいます。

〈キツヲサネについて〉

初めてこの「キツヲサネ」を見た時は「なんじゃこれ」と思いました。恐らくこれを読まれる方もそう思われたことでしょう。そこで文章が長くなるから取り上げないでおこうと思ったのですが、それでは消化不良で納得できないと多分思われると思いまして、現代語訳を追加する事にしました。

とても聡明な和歌姫は、金折命（かなさきのみことに説明あり）に「東西中南北」（キツヲサネ）の語源を問われました。金折の翁《おきな》がいわれるには、日の出《い》ずる頭《カシラ》を、日の「ヒ」と頭の「カシ」をとって、「ヒガシ」といいます。太陽が勢いよく天に登ると昼となり、その太陽の方を皆見ます。皆の「ミナ」と、見るの「ミ」をとって、「ミナミ」とします。やがて日は真っ赤になって西の方に煮え沈んでいきます。

米と水を釜に入れ炊《かし》ぐと、その初めは火頭が見えるので、「火頭」の「ヒガシ」にちなみ東に配します。煮え花が咲くのは南に配します。煮え沈む時は、煮えの「ニ」と沈むの「シ」をとり「ニシ」に配します。これは真っ赤な太陽が煮え沈む事も示すのです。故に尽（ツ）きるが西。また宮を南向きに構え、朝の気を身に受け、長生きをします。その後ろを北といいます。朝日を受ける南に対し、夜寝る所が北（ネ）なのです。

もしも、客人が来たとします。それを東西中南北にあてはめるなら、来た人に会わないのは北に配し、会うは東とします。理解し合うのは南に配し、落ち着くのは西に配します。そして帰るのは北とします。万事、北（ネ）より来たりて（ネ）に帰るのです。

また、東は春の若葉にたとえ、南は夏の青葉、西は秋の煮えるような紅葉、北は冬の落葉とします。これも同じように、根は北（ネ）に配し、新芽の兆《きざ》すのは東（キ）に配します。また葉が茂り栄えるのは南（サ）に配し、葉が紅葉となり煮え鎮《しず》むのは西に配します。

「ヲ」は君を示し、中央に坐《ま》して国を治めるの（ヲ）を意味します。この五つを以て、東西南北と中央の教えとします。

木は東（キ）にたとえ、花葉は南（サ）に配します。木の実は西とします。

君とはただ一人の意味ではなく、木（キ）から実が分け生えるように、木（キ）を男にたとえ、実（ミ）を女にたとえ、男女（キミ）二神を表す言葉なのです。

キ（東）・↓きざす

ツ（西）・↓尽きる

ヲ（中）・↓君が治める

サ（南）・↓栄える

ネ（北）・↓寝る

ご苦労様でした。「キツヲサネ」も「フトマニ」と同じような感じで言葉が創られて行く事が分かります。……1紋4pに秀真《ほつま》原文あり。

それでは「キツヲサネ」の前に戻して、

「一角（点）と周囲の八皇子《やみこ》神の八角で、つごう九画になり、この九神が国を治める君の位となる」

　そして「トホカミヱヒタメ八神」は御祖神を背にし、「御祖神」を守っている様ですし、「アイフヘモヲスシ八神」は「トホカミヱヒタメ八神」と向かい合って意思疎通を良くし、三十二（みそふ）神は二重になって「アイフヘモヲスシ八神」の方に向いてます。

　この事から、「トホカミヱヒタメ八神」は天界に、「アイフヘモヲスシ八神」は現界に向けたお働きという事になるのでしょう。「トホカミヱヒタメ八神」は「左進右退」、「アイフヘモヲスシ八神」は「右進左退」というのも訳がありそうです。兎に角この三神の御働きは難しいです。

　その点を少し取り上げて最終結論という事にさせて頂きます。

名称	別名	言霊の働き	（位置）
アウワ	↓天御祖神《あめのみおやのかみ》		（元）
トホカミヱヒタメ	↓八元神《やもとしん》、八皇子神《やみこしん》	「人の魂《たま》の緒《お》を分け降し生命を結《ゆ》ひ和《やわ》す。暦《こよみ》の神。	（元）

アイフヘモヲスシ　→天並神《あなみしん》　人の音声《ねこゑ》を授ける。　（中）
「東西中南北（キツヲサネ）と「五
臓六腑を整える。
三十二《みそふ》神　→掌相彦《たみめひこ》　眉目貌《みめかたち》を守護する。　（末）

ここでもう一歩踏み込んでみましょう。
ホツマ22紋2pに、
天照る神の　初御代に
日暦（ひよみ）の鳥の　曙（か）を告げる
東西（キツ）を要（かなめ）　の嫁（とつ）ぎして
年徳（としのり）神の　生（あ）れませる
その十一（そひ）神を　ヱト守と
編（あ）み養（やしな）うて

・天の政事を司どる神が「トホカミヱヒタメ八神」で、
・国の政事を司どるのが「東西中南北（キツヲサネ）」五音五神」と「五臓六腑《ゐくらむわた》六音六神」の、合わせて「十一（そひ）神」の事で、「五臓六腑《ゐくらむわた》とは、「年徳玉女神《としのりたまめのかみ》」が「キツヲサネ」に嫁ぎ生んだ六神で、この「十一（そひ）神」をヱト守神（暦を守る神）として編み養われ、暦の神として大切な役割を担って居られたという事でしょう。斯くして国の体制も、神様の御働きもどんどん発展する事になるようです。ここの処は理解に難しく苦戦しました。

〈アワの歌に就て〉

原文5紋2p
二神（ふた神、イザナキ・イザナミ）の瀛局《おきつぼ》に居て、とは、近江（滋賀県に居て）との事、
国生めど　民の言葉の
悉（ふつ・ことごとく）曇り　これ直さんと考ゑて
五《い》音《ね》七道《ななみち》の　アワ歌を
上《かみ》二十《ふそ》四《よ》声　イザナキ（尊）と
下《しも》二十《ふそ》四《よ》声　イザナミ（尊）と
歌い連ねて　教ゆれば
歌に音声《ねこゑ》の道開け　民の言葉の整ゑば
中国《なかくに》の名も　淡（アワ）国や
これを現代文に直せば、
イザナキ尊、イザナミ尊が瀛局《おきつぼ》においでになって、国造りに励まれたのですが、人心が乱れ

政事《まつりごと》規範が崩れていた為に、人々の言葉が大変曇っていました。二神は、これを正し整えようと相談され、五音七道《いねななみち》の「アワの歌」を御作りになったのでした。上の句二十四声をイザナキ尊が歌われ、下二十四声をイザナミ尊が歌われて、民に教えられました。すると、その「アワの歌」の言霊の作用により、民の音声《ねこゑ》の道が開け、言葉も明らかになったのです。

「アワの歌」に因《ちな》んで、国の名も淡（アワ）の国（現在の近江）と名付け、称えたのです……と。

瀛壺《おきつぼ》の　峰より眺《なが》め
勅《みことのり》「汝《なんじ》山咋命《やまくひ》
山背《やまうしろ》　野お掘り土お　　山背、山城は京都府南部のこと
こゝに上げ　大日《おおひ》の山お　　大日山とは富士山のこと。
遷《うつ》すべし」一枝《ひとゑだ》に足り

一枝は六十年。一〇〇〇枝×六〇＝六〇〇〇〇年で一鈴

斯くして徐々に国としての体制が整っていく訳なのですが、「アウワ」が「アワヤ」となる時が来るのだと思いますが、「アウワが天初地で天地の始まり」としたら「アワヤ」の「ヤ」は「我が身」で原初の体制が「個別の生命」による体制に代わる事を意味すれば、それは「イザナギ、イザナミが富士山（孕み山）で『天照大神様』をお生みになられた時からという事になるのではないでしょうか。ホツマ原文23紋の43ｐに、

アワ歌の「ア」は天《あめ》と父

「ワ」は母（地）ぞ「ヤ」は我が身なり

1紋2p

言葉を直す

アワ歌を　常に教えて

▲「ア」カハナマ　イキヒニミウク

フヌムエケ　ヘネメオコホノ──▶イザナキ尊が歌われる部分（二四音）

……………

モトロソヨ　ヲテレセヱツル

スユンチリ　シヰタラサヤ「ワ」▲──▶イザナミ尊が歌われる部分（二四音）

「声を出してこの歌を詠《うた》うと、初めは妙な気がしますが、慣れて来ると「五十音図」のような不自然さはなく、まことに詠いやすい音の配列になっている事が分かります」という事です。

アワの歌ですから▲「ア」で始まり、▲「ワ」で終わってます。

「実はこの十数行の短い文章の中に、ホツマの全文一万行が凝縮されていると言っても過言ではありません。それは天地（あわ）の歌の大事さにあります。アワの歌とは、人間に於ける言葉の大事を意味し、そして同時に陰陽の大事をも説いているものだからです。そしてこのアワの歌に通じ、音声がはっきり言えるようになると、健康で長生きし、五座六渡《ゐくらむわた》という自然運行を司どる神の意にも叶う」という訳です。

アワの歌　葛垣琴《かだがき》（三弦の琴）打ちて
弾き歌う　自ずと声も
明らかに　五臓六腑緒《ゐくらむわたを》
音声分け《ねこえ》　二十四に《ふそよ》通ひ
四十八声《よそや》　これ身の内の
巡り良く　病あらねば
永らへて　住江の翁《すみのえ》
これを知る

1紋2p終り

「住江の翁《おきな》とは、住吉大社の御祭神・金析命《かなさきのみこと》とも言う。

黄泉国から帰ったイザナキ命が禊をすると、穢れをそそいで清らかになった事を示す伊都能売神が生まれ、その次に底津綿津見神《そこつわたつみのかみ》と筒男三神《つつのお》が生まれ、その筒男三神（底筒之男・中筒之男・上筒之男）が住吉大社の御祭神で、星により航路を定めた当時の、海路を守る神。

この神様がアワの歌を唱えれば病もなく、健康で長寿できる事が身を以て体験されたのでしょう。大人は子供達に、この天地（アワ）の歌を唱えながら琴をかき鳴らしたり弾いたりして教えたのです」と。

神世七代の六代目の淤母陀琉神《おもだるのかみ》の時に嫡男が生まれず、国が衰え、規範も乱れてしまい、二神（イザナキ、イザナミの神）に芦原の近江の国を治めるようにとの詔《みことのり》があり、ヲシデのト（整えるのト）と矛を賜ったとあり、民の言葉が乱れた理由が、「ホツマの道」が衰えた事による国の規範の乱れに繋がり、その影響は宮中にまで及んだという事のようです。

結局言霊の乱れは、五臓六腑《ゐくらむわた》を通じ本来あるべき正常な働きに狂いを生じ、病を発するばかりではなく、政治や祭政にも及ぶものである事を証明したのです。①〜⑤は悪い行動と各臓器の繋がりを明記したものという事です。

①心臓（なかご）＝君（きみ）中心に
②肝（きも）＝臣（とみ）↓盗む
③脾（よこし）＝民（たみ）
④肺（ふくし）＝（工巧・たくみ）↓だます
⑤腎（むらと）＝（商人）↓色欲

アワの歌の重要性は言霊の正常化を意味し、それは神霊との正常な意思疎通を促《うなが》す事でもある訳です。

和歌（ワカ）姫も登場しますので、ここで少し気分を変えましょう。鳥居礼氏の本は学術的で硬く、フトマニから入って行きますので難解です。私も大分疲れましたが、読者の皆さんも恐らくお疲れになった事でしょう。この難解も前記で一応概略的には説明も終了という事にさせて頂いて、松本善之助氏の本はその点、具体的な内容で、物語的に書かれてますので読み易いです。ホツマツタヱの出だしが「アワの歌」で、松本善之助氏の本ではそのままホツマと同じ「アワの歌」から入ります。「アワの歌」の主人公は「ワカ姫」で、これからはグングンとお読み頂けると思います。勿論両本とも無くてはならずで、衝撃的な知識を知らせてくれています。「乞う御期待」、という処でしょうか。

【第三部】

〈ワカ姫と天地（アワ）の歌〉

ホツマではヒヨルコ（ひ弱な子）とヒル子が生まれることになっていますが、古事記や日本書紀では蛭子一人なのです。どっちが本当なのかははっきりしませんが、恐らくホツマが正解でしょう（こういう点がいろいろあって苦戦してます）。

先ず、ホツマも古事記も※イザナキ・イザナミはヒルコをお産みになるのですが、ホツマでは最初の蛭子はヒヨルコ（ひ弱な子）で、月が満たないで流産したのでイザナミは吾（ア）が恥として淡路（吾恥・あわじ）に流します。何故流産されたのかといえば、柱の巡り方が男子は左進右退、女子は右進左退に巡るのが正常で、その逆をやってしまった事、相手を素敵な人と讃えたのも、男子が女子より先に言わなくてはならないのに、順序を誤って逆に言ってしまったので、霊主体従が体主霊従となり、神律的には結局失敗となったのでした。メシヤ様の御教えを知る人は左進右退とか霊主体従という事は当たり前のように使わせて頂いてますが、当時の神様はイザナキ・イザナミの神様でさえご存じではなかったというよりか、そこまで言霊が出来ていなかったというより外に無いでしょう。

＊（神律……霊↓男・左・先・陽・日　体↓女・右・後・陰・月）

※イザナギ＝古事記
イザナキ＝鳥居礼氏
イサナキ＝松本善之助氏

次に生まれる蛭子は蛭子ではなく昼子と命名していたものを、記・紀は最初のヒヨルコを蛭子と思い違《たが》えて、蛭子にしてしまったようなのです。と同時に和歌姫（昼子姫）の方は落としてしまったのです。昼子姫、夫君（いざなき）御歳は四十歳、母君（いざなみ）の御歳は三十一歳で、二年後に「天の節」に当り、その汚穢隈《おゑくま》を受けぬようにと、三歳にも満たないうちに岩楠船《いわくすぶね》に乗せて捨てるのですが、金折翁《かなさきのおきな》（住吉大社の御祭神）がそれを拾い養育されて立派に育つのです。

○松本善之助氏の本から引用。

ホツマ1紋

それ和歌は　ワカ姫の神
捨てられて　ヒロ（拾）たと育つ
カナサキの　妻の乳（チ）を得て
アワウワや　手触（てふ）ちシホの目（手を打って目をすぼませたり）……

和歌姫の神というのは、天照大神の姉君の事です。生まれた時につけられた名はヒルコ（昼子）といいます。先に書きました「天の節」に当たっていたので拾ってから育てると丈夫に育つという民間伝承はこんな時代から既に行われていたのでした。三歳になるまで脚は立ちませんでしたが、兎に角和歌姫は愛情を込めてあやされながら大きくなっていくのでした。ヒロタは拾ったという事ですが、この広田をとって名付けられたのが今の兵庫県西宮市の旧官幣大社広田神社です。この神社では、古来和歌に霊験ありとされ社頭でしばしば歌合せが行われた事は有名との事です。御祭神は和歌姫か住吉の神でなければならないのですが、今は「天照大神の荒魂」を祭ってあるという事です。

＊私事で恐縮ですが、去年（令和元年）の六月頃、別の派遣会社から応援で来た人が、男子ですが広田サンという人でした。今年になって恰度この本のこの部分を読んだばかりで思わず合掌したのでした。七十年で初めて広田という名前の人を知ったのです。そこで、読書好きでしたのでこの本のこの部分を読んでもらったのです。そのお陰かどうか分かりませんが、パワーもあったし、仕事の覚えもよしで大変助かりました。今年、令和二年三月末で私の仕事も終わり

ましたが、その開放感から、これからは御神業一筋で行けるという思いで、思い切って万歳三唱を繰り返したのです。何と、帰り際に広田サンからケーキのプレゼントがあったのでした。少しウルウルし、そして神様に感謝したのでした。

〈和歌姫の恋物語〉

ホツマの1紋（最初）は和歌姫の『東西（キツ）の名と稲虫（ほむし、いなご）去る紋』となっていて、その後に和歌姫の天智彦との『馴れ初め』が出て来るのです。その馴れ初めと『ゴールイン』。

和歌姫はちょうど稲虫祓いの務めを無事果たし、その後紀志伊の玉津宮に滞在されていました。そこには日高見の高天《たかま》の原から勅使として、天智彦思兼命《あちひこおもいかねのみこと》が来ておられました。姫はこの天智彦命に一目惚れしてしまいます。そして思いかねたあげく、ワカ姫はワカを詠んでウタミという短冊の様なものに書き、和歌によってその意を伝えようと、言霊の作用の強力な「回り歌」を詠まれ、想い焦がれる男性。その相手はイミナ（斎名、生まれた時に付けられた名前）をアチヒコといい、讃《たた》え名をオモイカネと申す天智彦命に贈られたのでした。これを御覧になった若き男神天智彦命は、天照大神の姉のワカ姫から付け文の恋歌をもらったのですから、気も動転し、あれこれと思い惑わずにはいられませんでした。

オモイカネのカネは、古代語では「耐えきれないで」という意味があり、「オモイカネ」という意味は、恋しくて恋しくてたまらないという事になるとの事、ワカ姫の恋しい心が一杯という事で、このような名前を相手の男性の神様に付けるとは、神代は何と大らかでロマンチックだったのでしょう。

上から詠んでも下から詠んでも同じで、ぐるぐる回る回り歌である事に気付かれ、「浮橋の橋渡し（仲人）もなく婚儀を結ぼうとしているのだなあ」と思われ返歌をしようと思うのですが、和歌姫の歌が回り歌なのでどうしても返し歌が作れません。

天智彦命は和歌姫に、「その御返事はしばしお待ちください」と申されて高天原《たかまのはら》に帰り、その恋歌を、オモイカネが思いあまって諸神《もろかみ》に相談されました。すると金析命《かなさきのみこと》（住吉）は非常に驚き、オモイカネの顔をまじまじと見つめてこう言いました。

「この歌は廻り歌というもので上から読んでも下から読んでも同じ意味になる返す事の出来ない回り歌である。これをもらったら百年目で〝替えごとならぬ〟というものだ」

〝替えごとならぬ〟というのは絶体絶命どうにも動きがとれぬ、つまり結婚する以外にないという事です。

カナサキは、自分も天照大神の行幸の際、お供をして船旅をし、暴風雨にあった時、風が激しくなり高波が打ち寄せて来たので、波を言霊の力によって打ち返そうと、回り歌を詠んで天照大神共々九死に一生を得たという事を語り、その時詠んだ廻り歌をオモイカネに大事そうに見せました。

長き夜の　遠の眠ぶりの　皆目覚　波乗船の　音の良きかな
ながきよの　とおのねぶりの　みなめざめ　なみのりぶねの　おとのよきかな

というものであった。するとたちまち風はやみ、船は波音も快く、無事阿波へ着いたのだった。

ワカ姫が思いをとげ、オモイカネと目出度くゴールインしたのは勿論です。和歌姫が送った絶体絶命の回り歌とはどんな歌だったのでしょうか。

紀志伊（紀州・志摩・伊勢）こそ
　妻をみぎわに　琴の音の　床には君を　待つぞ恋しき
『きしいこそ　つまをみぎわに　ことのねの　とこにはきみを　まつぞこいしき』

情熱的ですね。男冥利に尽きますよ。

これを反対から詠んでも同じというのですから試してください。

この和歌姫の歌も回り歌なので、その言霊の作用により、その恋情を返す（求愛を断る）事は出来ないであろうといわれるのでした。

そのとき、話を聞いておられた天照大神が、勅《みことのり》を下され、その勅を受けた金析命の船は二神を乗せ紀志伊に行き、和歌姫と天智彦命は目出度く夫婦となられたのでした。

この「ホツマ」の説話の中の二つの回文歌《まわりふみうた》は、いずれもその歌に込められた言霊の力によって良い結果をもたらそうとするものである事がはっきり分かります。日本文化の本質は、この二つの歌に見るように、常に肯定的に考え、肯定的な言葉を発する事によって、物事を良い方向に持って行こうとする処にあります。暗い否定的な言葉や予言はそれ自体が人の心理に作用し、物事を悪い方向に導いてしまったり起らないような事が起ったりする訳です。

それにしても『ホツマツタヱ』は、第1紋は和歌姫を中心とした和歌の言霊が及ぼす神力の話が中心となっていますし、更には、女神である和歌姫が積極的に男神の思兼命に求愛の意を表すなど、わが国の女性の強さを十分象徴しているように思えるのです。神代に女性の方から付け文の恋歌をした神様がいたのですから、びっくり愉快な話ではありませんか。貞淑一点張りを看板に儒教のワク内に閉じ込めて見られていた、後代の日本女性とは全く違うヤマトナデシコ像がここに生き生きと蘇ります。

これまで思兼《おもいかね》の語は、あらゆる思考に瞬時に通じる優等生的頭脳の様に解されてきました。事実、この神は天照大神の左大臣になったとホツマではいうのですから、そういう一面もあったのは確かなのでしょう。古事記では天照大神が岩戸隠れされた時、岩戸からお出しするシナリオを書かれた神様として登場しているのですから、聡明な方だったのでしょう。然し、古事記や日本書紀には恋物語など全く出てきません。ホツマツタヱに載るイミナ（斎名）のアチヒコとは天霊（アチ）ある男性の意味ですからこの事をよく裏づけています。

しかしその反面、付文の恋歌をもらって途方に暮れるという純情可憐な若大将でもあったのでした。このアチヒコを社名として今日迄遺されているのが前記阿知神社である事も、ホツマの信憑性を確かにするものとして注目せずにはいられません。

古事記、日本書紀には思兼神と書かれている神で、長野県下伊那郡阿智村の阿知神社の御祭神です。

1紋18ｐの最後の行は、

これ敷島《しきしま》は　和歌の道かな

という一句によって結ばれています。

この「敷島」とか「和歌」とかいう言葉は、日本人になじみが深いものではありますが、本当の意味はよく分かっていません。然し、ホツマからすれば「敷島」とは生気溌剌という事であり、「和歌」は若々しいとか、若やぐとか、若返るとかいう「若」と同じ意味なのです。このような素晴らしいワカという言葉を名として持っていたのがワカ姫でした。そのワカ姫の一生を契機として年中行事、天地陰陽の理《ことわり》、敷島の和歌などを語り、日本民族の生き方を歌い上げているのが、この1紋だったのです。

ここの処を追加してみます。ｐ20の1紋の続きですが、

アワウワや　手触《てふ》ちシホの目

生まれ日は　炊御食《かしみけ》そなへ　＝お誕生日

立ち舞《まい》や　三冬髪置《みふゆかみおき》　　　＝一月一日（元旦）
初日餅《はつひもち》　アワ（天地）の敬ひ　＝三月三日（桃の節句）
桃に雛《ひな》　　　　　　　　　　　　　＝五月五日（端午の節句）
菖蒲《あやめ》に粽《ちまき》　　　　　　　＝七月七日　（七夕）
棚機《たなはた》や　　　　　　　　　　　＝九月九日
菊栗祝ひ
五年冬《ゐとしふゆ》　男《を》は袴《はかま》着る
女《め》は被衣《かつぎ》

（口語訳）

誕生日には、小豆《あずき》入りの蒸し御飯（赤飯）を炊いてもらい、どれくらい立ったり歩いたり出来るようになったか、立ち舞のお祝いをしてもらいます。三歳の冬には、頭に髪を置く儀式をします。一月元旦には、お餅をついてアワ（天地）を敬い、三月三日には桃のヒナ祭りをし、五月五日には菖蒲《あやめ》に粽《ちまき》、七月七日には棚機《たなはた》のお祭り、九月九日には菊と栗のお祝いをします。そして五歳の冬には男の子は袴《はかま》をつけ、女の子は被衣《かつき》をかぶります。

いずれも私達が年中行事と呼んできた永い永い習慣で、日本人なら誰でも身に覚えのある親しいしきたりです。今どんな辞書を引いても、すべて中国から渡来し、平安時代以降日本で行われるようになったと書かれていますが、これは誤りで神代の時代からずっと続けられている行事だったのです。

〈稲虫《いなご》祓い〉

○鳥居礼氏の本から引用。

ホツマは四〇紋からなっていて、その第1紋を飾るのが、

『東西（キツ）の名と稲虫（ほむし、いなご）去る紋』です。

和歌のもつ重要性について触れています。全篇の冒頭部分に和歌論をもってくるという構成から、古代日本人が如何に和歌を尊重していたかという事を窺い知ることが出来ます。この綾の主人公は、天照大神《あまてるかみ》の姉である和歌姫です。内容を見る事にしましょう。

和歌姫が伊雑宮（いさわの宮・伊勢神宮）においでの時、紀志伊（きしい国、紀州・志摩・伊勢）の稲田が穂虫によって侵されてしまいました。民がその嘆きを伊雑宮に告げ、救いを求めたのですが、折しも天照大神は天の真名井に行幸された後だったのです。そこで、后の向津姫《むかつひめ》（瀬《せ》織津姫《おりつひめ》）は和歌姫と共に、紀志伊国の稲田に急がれたのでした。向津姫は田の東（キ）に立たれ、オシクサを持って扇《あお》ぎ、和歌姫は神歌を詠まれてお祓いをすると、蝗《いなご》が去りかけたので、三十人の侍女《しもめ》をして向津姫の両脇に佇《たたず》ませ、いっせいに歌わせたのです。その祓いの歌は、

種（たね）果（は）たね　産（う）むすき盛（さか）め　無病（まめ）素目（すめ）らの　ゾ

口葉（は）も葉芽（はめ）ぞ　虫（むし）も皆（みな）鎮（つつし）む

という歌です。繰り返し三百六十回歌って大地を響《どよ》ませると、蝗《いなご》は飛び去り西の海に姿を消してしまいました。田の汚穢《おゑ》を祓うと、稲はすっかり若返り元通りに蘇《よみがえ》ったのでした。枯れた稲を若返らせた若（和歌）の歌にちなみ、紀志伊国を和歌の国（和歌山）として讃えました。

＊少し追加させて頂きます。

「稲虫に田を荒らされ、民の生活は烏羽玉《うばたま》の暗夜のような状態になってしまいました。そこで和歌姫と向津姫がオシクサをもって「稲虫祓い」の神事を行い、虫を追い払いました。そのオシクサの花は黄色で、あたかも烏羽玉の世が明けて来る時の空の色のようです。夜明けとともに日が出てきます。烏扇《からすおうぎ》の花は赤い斑点があり、日の出のようです。この赤い日に因《ちな》んで、烏扇の別名を「日扇《ひおうぎ》」とします。日の霊気を含む木である檜《ひのき》の板によって、太陽の神力を込めた扇を作り、諸臣はこれより檜扇を持つようになったのでした。その日扇の草の種子は純黒色で、一名「ぬばたま」といいます。これにより、ぬばたま↓夜、ほのぼの↓明けという枕詞が成立したのでした。古代日本の神々が国の道を徹《とお》す前の状態を示したものが、枕詞だったのです。また、枕詞とは、土中の闇に眠る種子の様なもので、そこからやがて芽が生じるように歌が出て来るのです。眠る時に使う枕としての言葉が枕詞です」と。

もう一つ、「檜」は「日の霊気を含む木」で金属にも金、銀、銅がある如く、木にも別格の用途に使う木という事で、一般庶民が住む家屋の材料としては釣り合いがとれない事を認識すべきという事のようです。神様をお祀りする部屋とか、床の間は使用可という事でしょう。

＊p23に稲虫祓いの時に、「向津姫は田の東（キ）に立たれ、オシクサを持って扇《あお》がれた」とありますが、オシクサとは、オシクサの花は黄色で、あたかも烏羽玉の世が明けて来る時の空の色であり、烏扇のことで、別名を「日扇」と言うことから、蝗《いなご》を西へ向かわせられたという事にもなるようです。

＊面白い説として、「奇杵命《くしきねのみこと》＝大己貴命《おおなむちのみこと》＝大国主命が民に牛肉を食す許可を与えた事により、肥えつのり民が早死にするようになり、稲も穂虫に侵されるようになった」という事が『古語拾遺《こごしゅうい》』という書に出ているという事ですが、肉食の害についてはホツマの方が他の文献の比ではないとの事です。ホツマでは肉食は良くない事になってます。和歌姫に就てはそればかりではないのです。もう一件ご紹介しておきます。

〈天体の運行と三十一文字〉

ホツマ1紋

花杵尊《はなきねのみこと》は　五七（ゐな）に綴るを姉に問ふ

姉の答えは　「天地（アワ）の節」

また問ふ「祓い三十二（みそふ）なり　今三十一（みそひ）とは」

「この教ゑ　天の巡りの　三六十五枝（みむそゐゑ）
四つ三つ分けて　三十一（みそひ）なり
月は遅れて三十日（みそか）足らず
真《まこと》三十一日（みそひか）ぞ然《しか》れども
後先かかり三十二日（みそふか）も有る間窺《うかが》ふ
汚穢《おゑ》ものを祓ふは歌の声余る
敷島の上（ゑ）に人生まれ　三十一日（みそひか）に
かす女《め》は三十二日（みそふか）　歌の数もて
埴《は》に謝《こた》ふ
これ敷島は和歌の道かな

・「花杵尊《はなきねのみこと》」＝ソサノウ（素盞鳴尊）の諱《いみな》（生前の名）
・「五七（ゐな）に綴る」＝五七調に歌う事
・「姉」＝昼子姫・和歌姫・下照姫
・「三六十五枝（みむそゐゑ）」＝三百六十五日の事
・埴《は》に謝《こた》ふ＝埴《は》　埴輪《はにわ》のはにわで土、大地に謝する

これを口語訳してみると、
素盞鳴尊《そさのうのみこと》が、五音七道《いねななみち》に和歌を歌う理由を姉和歌姫にお尋ねになりました。

姉姫のお答えは、「それは、天《あめ》の節、すなわち天体の運行にかなった音数なのです」という事でした。また素盞鳴尊は問われるのでした。「稲虫祓いの歌のように、祓いの歌の三十二文字と三十一文字の関係はどうなのでしょう。」すると姉姫は説明されて、

「太陽は、三百六十度の天球を、三百六十五日かかって一周します。その三百六十五日を、四分しまた三分して十二分すると、三十一日弱となります。月は満月から満月迄がわずか三十日弱です。太陽から割り出したひと月三十一日が本当の日数です。従って、普段は三十一文字で歌うのです。然し乍ら太陽の天球上の動きは、同じ三十度の角度を動くのに、六月前後は三十二日弱となる月もあります。この様に天体の調子が崩れた時に、その節目の隙間を狙って魔物、汚穢ものが付くのです。この魔物を祓う事ができるのは、三十二日と同数の三十二文字なのです。敷島の大和の国に生を享《う》け、日の精霊（ヒウル）によって誕生した男子は、誕生日より三十一日にして産土神に詣で、神の恩恵を返します。月の精霊（ツキナミ）によって生まれた女子は三十二日にして神に詣で、恩恵を感謝するのです。このように、敷島の大和の国は和歌の道によってその根底が支えられているのです。和歌に始まり和歌に終わる国柄なのです」と答えられたのでした。

　これにより、古代日本にも誠に合理的な天文学が存在していた事が分かるのです。天体の月日の運行と和歌の音数の関係がはっきりと分かるのです。

　またよく知られている「大祓い祝詞」は、正しくは「六月《みなづき》の晦《つごもり》の大祓へ」といって、ひと月の節間日数が一番多い六月に行われます。

このように、和歌の音数形式は後世になるにしたがってより定まった形となったのではなく、上代にさかのぼるほど、天体の循環を考慮した整然たる形式が存在していたと言わねばなりません。和歌の音数にまで、自然に対する考え方が含まれていたのです。

という事で、こんなに頭脳明晰なのに蛭子さんにされたのではお気の毒でした。回り歌にしても現代人で詠まれる方がいるかどうか分かりませんね。

【第四部】

〈和歌の起源はソサノウか？「八雲立つの御神詠と大蛇（オロチ）の物語〉

和歌といえば、私達はソサノウの「八重垣」しか知りませんでした。そしてその意味さえも明快な理解を得る事は出来なかったと言っていいでしょう。「ホツマ」に和歌姫が出られて、和歌の事を種々《いろいろ》学ばせて頂きましたが、最後にソサノウの尊の「八雲立つ」の御神詠を学び、すっきりしたいと思います。

兎に角、「八雲立つ」の歌の中に込められた素戔嗚尊の心境を余す処なく説明できる内容が記されているからで、「『ホツマ』無くしては、この御神詠の神意は全く分からないのです」と力強い自信を吐露されてますから楽しみです。

記紀、ホツマ、三書の歌を比較してみましょう。

『古事記』↓　八雲立つ　出雲八重垣　妻籠みに　八重垣作る　その八重垣を
『日本書紀』↓八雲立つ　出雲八重垣　妻籠めに　八重垣作る　その八重垣を
『ホツマ』↓　八雲立つ　出雲八重垣　妻籠めに　八重垣作る　その八重垣わ

三書を見ると、「籠み」「籠め」、「八重垣を」「八重垣わ」という違いがある事が分かります。重要なのは、「八重垣を」か「八重垣わ」か、という事です。この点を考察するためには、素盞嗚尊と大蛇《おろち》の関係について探っていかなければなりません。次第に恐ろしい真実が明らかとなって行くはずです。では、素盞嗚尊と大蛇《おろち》の壮烈な戦いの物語を始めます。

〈大蛇《おろち》の転生〉

その昔、恐ろしい二頭の大蛇が暗雲の如く蠢《うごめ》いていました。ひとつは九頭《くず》の大蛇、もう一つは八岐《やまた》の大蛇でした。更に恐ろしい事に、この二頭の大蛇は椋杵命《くらきねのみこと》（大国主命）の娘である持子《もちこ》、早子《はやこ》へと転生してしまったのです。そして、大蛇の転生として生まれて来た持子、早子姉妹は、それぞれが天照大神の十二后の一人となってしまうのです。持子は北の局《つぼね》典侍《すけ》后《きさき》、早子は北の局の内后《うちきさき》となりました。

やがて姉持子は、天照大神との間に穂日命《ほひのみこと》を生みます。

＊「この神は素戔嗚尊との誓約《うけい》の際になした五男神中の一神で、この天穂日命は（葦原の中つ国）へ派遣され、大国主神に媚びて三年のあいだ滞留し復命しなかったと語られていますが、そのまま大国主大神に仕えるように命ぜられるのでした。《出雲国造神賀詞《かむよごと》》では復命のうえ、その子天夷鳥命《あめのひなとりのみこと》を地上に遣わしオオクニヌシに国譲りさせたとなっている」との事です。

その時まだ中宮瀬織津姫（向津姫）は嫡男をお産みになっておらず、持子は、我が子が次代の天位に就くものと大変喜んでおりました。ところがその後、瀬織津姫に目出度く忍穂耳尊《おしほみみのみこと》が誕生されました。この忍穂耳尊は、近江の安川にて和歌姫が御養育される事になりました。

おのれの子が天位につくとばかり思っていた持子は失望の余り、瀬織津姫をねたみ殺そうと密かに機を待つのでした。

〈白人《しらびと》と胡久美《こくみ》〉

持子、早子の父、椋杵命《くらきねのみこと》（大国主命）は細矛千足国《さほこちたるこく》の国司でした。民の身分のサシミメを妻として椋子姫《くらこひめ》をもうけました。椋杵命は日ごろから妻サシミメを慈しみ、サシミメの兄である胡久美をも実の子のように情をかけていました。そして、民の身分である胡久美を、細矛千足国の益人《ますひと》（官職）に推挙したのでした。然し業務を怠っていた胡久美は、添《そえ》益人の位に格下げされてしまいました。やがて椋杵命が身罷《みまか》った時に、白人が根国の益人となり椋子姫を娶《めと》りました。椋子姫が父椋杵の遺体を立山に納めると、義母であるサシミメとも内通していた白人は、椋子姫とサシミメを捨てて津に送ってしまいました。その後胡久美は、実の妹であるサシミメと、その子椋子姫を無理やり犯してしまうのです。(「六月晦《つもごり》の大祓へ」の祝詞の中に、「白人、胡久美、おのが母犯せる罪、おのが子犯せる罪、母と子を犯せる罪、子と母を犯せる罪」と伝承の断編が残っています)。

やがて、兵主命《つわものぬしのみこと》(大己貴命《おおなむちのみこと》・大国主命)、の訴えによりその事件が発覚し、白人及び胡久美は、仙台日高見の高天原《たかまのはら》で罪状を問われ、弁解も虚しく死刑が確定しました。然しこの時、白人、胡久美らの悪業を糺《ただ》す事を怠っていた神狭日命《かんさひのみこと》の子供である天押日命《あめおしひのみこと》を持子が椋子姫《くらこひめ》にめあわせ、益人《ますひと》(ふえていくひと)として父椋杵命《くらきねのみこと》の政務を継がせたのでした。白人、胡久美の両名はこの祝いに乗じて恩赦を受け、死罪を免れて流罪となり、雲州簸川《ひかわ》(出雲大川)に流されました。

〈破れた素盞鳴尊の縁談〉

素盞鳴尊は、この事件が起きた細矛千足国《さほこちたるこく》(根の国、底の国)を整え終えて、真名井《まない》の朝日大神宮に詣でられました。その時、宮に参拝に来ていたある美しい姫に一目惚れされてしまったのです。下女にこの姫の事を問われると、赤椎命《あかつちのみこと》の娘、速吸姫《はやすうひめ》である事が分かりました。素盞鳴尊は早速使者(きじ)を飛ばして、父の赤椎命に婚儀を申し込まれたのでした。赤椎命はその縁談を喜んで承諾するのですが、素盞鳴尊は御自分のお宮がなく、新妻を迎える事が出来ません。それ故に婚儀はまとまらず、そのままの状態となってしまったのでした。

そのような不安定な心のまま素戔嗚尊は、大蛇の転生である持子、早子姉妹のいる北（ネ）の局《つぼね》に折々宿るようになってしまうのでした。そして到々早子と密の情《かげみやび》を交わされてしまったのです（鳥居礼氏の本では密の情《かげみやび》の解説がありますが、納得は行きませんでした）。

〈持子、早子の陰謀〉

早子は天照大神を欺《あざむ》き、素戔嗚尊《そさのうのみこと》を天位に即《つ》かせようともくろんでいました。時に中宮瀬織津姫は、持子、早子の眼相にただならぬものを御感じになりました。

「これは一大事である。君の尊前へ近づけては恐ろしいことになってしまう」とお思いになり、二名を下がらせ豊姫を君のもとへ御向けになりました、持子、早子は局に戻り、素戔嗚尊に「瀬織津姫が妬《ねた》み、われらを退けたのです」といいました。素戔嗚尊は早合点され、「瀬織津姫をいざ打ち殺さん」と怒り剣を持ち込もうとされました。しかし早子は、どうせなら機を待ち天下を奪うようにと素戔嗚尊を制止するのでした。そこに突然、花子姫が通りかかったので急ぎ矛先を隠しました。その様子を見てしまった花子姫は知らぬ素振りでその場を装い、後に姉瀬織津姫にその様子を告げたのです。中宮瀬織津姫は、天照大神が高天原に行幸されたあと、持子、早子をお召しになりました。中宮は二名にたいし、「本来汝らの悪行が発覚すれば死罪は免れぬところを、筑紫の宮に蟄居し三女（天照大神と早子との間にできた）竹子、湍子《たきこ》、田奈子《たなこ》を養育せよ」

と憐憫の情をお掛けになったのでした。時に筑紫の赤椎命《あかつちのみこと》が、持子、早子および三女神の身柄を引き受け宮居を改め蟄居の手はずを整えたのですが、早子は自分の娘である三女神を養育しませんでした。

やがて持子、早子は流浪《さすら》の身となり簸川に至りました。そこで二流浪《ふたさすら》は怒りと妬みと怨念が凝り固まり、持子は九頭、早子は八岐の大蛇と変じてしまいます。二大蛇は、同じく世に蟠《わだかまって》（解消されない不信や不満）簸川にいた白人、胡久美らも自分達の配下にしてしまったのでした。

〈天岩室（あめのいわむろ）〉

詳しい事情を知らない素盞鳴尊は、短慮の余り怒りに怒って乱行を働き、到々瀬織津姫の妹の花子姫を傷つけ、死に至らしめてしまいました。天照大神は素盞鳴尊に向かい、「汝は汚き心あり。国をわがものにしようとするなど、もっての他である」とおっしゃって、諭《さと》しの歌を詠まれました。

天ヶ下　和《やわ》して巡る　日月こそ　晴れて明るき　民の親《たら》なり

しかし、素盞鳴尊はこの御製を耳にも入れず、なおも岩を蹴散らし怒り続けるのでした。天照大神はこの所業を恐れられ、岩室の戸を堅く閉ざされて引きこもってしまったのです。すると天下は、昼夜の区別もない様な暗闇の世界と化してしまいました。諸神は困り果て、高天原にて神《かん》議《ばか》りされました。その結果、「常世の踊り」を舞い歌う事になったのです。

香久の木　枯れても匂ゆ　しほれてもよや　吾が妻あわ　吾が妻あわや
しほれてもよや　吾が妻あわ

と、声をそろえて歌い踊りました。その後諸臣の努力により、無事天照大神がお出ましになられ、天下は再び活気を取り戻したのでした。

〈千暗《ちくら》の罪〉

素盞嗚尊は、高天原で神々に審議される事となりました。その当時の刑法は天の巡りの三百六《みもむ》十度《そたび》によって決められていました。これを瓊矛法《とほこのり》と呼びます。罪状により、その罪が九十度を過ぎると所払い、百八十度過ぎると流罪《さすら》、二百七十度を過ぎると人との交わりを去り、三百六十度を過ぎると死罪となっていました。白人、胡久美らも全てこの刑法により処罰されました。素盞嗚尊は諸々の罪により、何と千暗《ちくら》の過《あやま》ちを犯した事になってしまったのです。これは千度の事ですから、当然死罪です。素盞嗚尊は髪を抜かれ、爪を抜かれ、今しも殺されんとしたとき、瀬織津姫からの急勅使（サヲシカ）が到着しました。急勅使は瀬織津姫の勅《みことのり》を読み上げました。

「蒼稲魂《うかのみたま》（稲荷神）神の神力により、花子姫を蘇生させる事が出来た。
＊「うか」は「うけ（食）」の音変化で食物、ことに稲の神霊。うけのみたま。うかのみたまのかみ、宇迦御魂と同じ。
蘇った悦《よろこ》びにより四百祥《よもさ》（善）を償ったので、今一度審議しなおし、祥禍《さが》（善悪）を明かしなさい」という事でした。そして添《そえ》の御歌に、

素盞鳴尊が　仕業は血脈《しむ》の　虫なれど　祥禍《さが》無く恙《つつが》　なからんやわや

この歌に込められた中宮の情けの深さに、諸神みな涙し、再び審議が行われました。その結果交わりを去る刑となり、素盞鳴尊は青草の蓑傘《みのかさ》を身にまとい八重《やえ》這《はい》求む下民となられたのでした。そして、サスラヲと名付けられ雲州簸川へと流れゆくのでした。
＊（五代、孝昭天皇の世に出雲大社から勧請《かんじょう》（分霊）された氷川《ひかわ》神社は素盞鳴尊を御祭神として祀ります）
ところで、先に早子が生んだ竹子、湍子《たきこ》、田奈子の三女神は、その後恙なく成人されました。しかし、母の早子と素盞鳴尊の密情《かげのみやび》の過ちを知ると、三女神は自ら流浪《さすら》の身となられたのでした。

後日罪を晴らした三女神は、天下晴れてそれぞれ縁を結ばれ、竹子姫は大己貴命《おおなむちのみこと》の妻となり、のち沖津島神（福岡の北・宗像神社）となられました。湍子《たきこ》姫は香久山祇命《かぐやまつみのみこと》の妻となり、相模《さがむ》江之

島神となられました。そして田奈子姫は伊吹戸主命《いぶきどぬしのみこと》（祓戸四柱の神の御一人）の妻となり、のち厳島神《いつくしま》となられたのでした。

〈大魔軍起こる〉

その頃、暦はちょうど五百二十四本目の鈴木が折鈴（枯れる）となり、五百二十五本目を植え継ぐ天の節目に当たっていました。

＊国常立尊より始まり、植え継いで大濡煮尊《うひじにのみこと》の時代に、その鈴木の数が五百本となったのでした。一本六万年（発芽して枯れるまで）ですから、六万×五百＝三千万年経った事になります。これを讃えて、五百本目の鈴木を「五百継天の真栄木《ゐもつぎあめのまさかき》」と言います。

＊記紀によく見る、「五百箇の御統《いほつのみすまる》」という語は前記の「五百継天の真栄木」が語源で、意味として「数が多い事を示している」という事です。

季節の変わり目に病が起きるように、白人、胡久美らと大蛇《おろち》によって世の法が崩れたその節々に、六《む》ハタレを首領とする大魔軍が民を巻き込み一大蹶起《けっき》したのでした。勿論この世の乱れは素盞鳴尊の乱行にも一因があった訳です。ハタレ魔とは天成道《あめなるみち》に悖《もと》り、心がねじけ、頭の鋭《するど》さが人一倍勝っていて、人の情を解さぬ者の事を言います。

然し、この悪業を皇軍が手を拱《こまね》いて見ていよう筈がありません。天照大神の勅命のもと、金折命《かなさきのみこと》を始めとする、手力男命《たぢからをのみこと》、兵主命《つわものぬしのみこと》、荷田麿命《かだまろのみこと》、武甕槌命《たけみかづちのみこと》、伊吹戸主命《いぶきどぬしのみこと》らの、壮々たる武神達が集まりました。そして皇軍は八年間の苦闘の結果、ハタレ魔軍を鎮圧し勝利を収める事が出来たのでした。天の道理に逆らう者が、天理と一体となる為の天成道《あめなるみち》に生きる神々に所詮、勝てる訳がないのでした。

〈八岐《やまた》の大蛇《おろち》との対決〉

先に素盞嗚尊が求婚された赤椎命の娘、速吸姫は、素盞嗚尊と密通した早子の変じた八岐の大蛇に噛み殺され、最早この世の人ではありませんでした。そうとも知らず、血脈《しむ》に流れる荒金《あらかね》の血によって下民《しただみ》に落ちた素盞嗚尊は、蓑笠をつけ宿る家もなく出雲路を流浪《さすら》っていたのでした。簸川の八重谷には常に叢雲《むらくも》が立ち昇り、松榧《かや》の大木の中に酸醤《かがち》（ほおずきの古名）の様な真赤な目をした八岐の大蛇が潜んでいました。この大蛇は速吸姫だけでは飽き足らず、足名椎命《あしなづちのみこと》の娘を七人も人御饌《ひとみけ》（供え物）として食い殺してしまったのです。足名椎命は、最後に残った稲田姫をどうする事も出来ず、妻と共に手撫で足撫でして、悲運な我が子を思いただ涙を流すばかりでした。

たまたまそこを通りかかった素盞嗚尊は、足名椎命から事情をお聞きになり、「私は天照大神の弟である。姫を私にくだされば大蛇を討ち果たそう」とおっしゃいました。稲田姫は恐ろしさのあまり、大熱を発して床に伏せっていました。そこで素盞嗚尊は、姫の袖の脇を切り裂き、風を入れて熱を鎮められたのでした。これが着物の袖を開ける始まりです。素盞嗚尊は姫姿となられ、八回絞って造る八絞りの酒を醸《かも》して、大蛇の現れるのを今かとばかり待ち構えるのでした。やがて大蛇が現れ、八船の樽に入った酒を飲み干すと酔い眠ってしまいました。素盞嗚尊は、よい気持ちで眠る大蛇をずたずたに斬りさいてしまわれました。すると、大蛇の尾から一振りの剣が現れたのです。これを叢雲《むらくも》の中に出没する大蛇に因《ちな》み、叢雲の剣と命名されました。

〈荒金の血〉

その後、素盞嗚尊は目出度く稲田姫を妻にされ大屋彦命《おおやひこのみこと》をもうけられました。素盞嗚尊は、先に近江安川の思兼命と暮らしていた姉、和歌姫（昼子姫）に別れを告げに会いに行かれた時に、「もし初めに生む子が男子ならば、私の心が清らかになった証しでしょう」と、姉に誓いを立てられていました。そして今男子を設けられたので、その事を告げに姉和歌姫のもとへ再び参じたのでした。すると和歌姫は、「あな穢《けが》らわしや、恥を知れ、このハタレ魔による世の乱れは、みなお前の荒金の血が惹《ひ》き起した事であるぞ。さっさと出雲へ帰るが良い」と仰しゃるのでした。出雲路をとぼとぼと歩く素盞嗚尊は、おのれの荒金の血の恐ろしさを知り、ハタレとは、自分の驕《おご》る心のわがままが原因であったと後悔されましたが、今となっては遅く、蓑笠と剣を打ち投げて地にひれ伏し、大眼《おおまなこ》より滝の様な涙を流し号泣するのでした。

〈共涙（ともなんだ）〉

そこへ、ハタレ根の白人《しらびと》、胡久美《こくみ》らを討たんと皇軍として出雲にやって来られた伊吹戸主命《いぶきどぬしのみこと》が通りかかったのです。地に這いつくばってむせび泣く叔父の素盞嗚尊の姿が目にとまりました。はや八年ぶりの再会でした。おのれの血脈《しむ》の愚かさを嘆き、素盞嗚尊は歌を詠まれるのでした。

天元《あも》に降る　吾《あ》が蓑笠ゆ　血脈《しむ》の実木《みき》
三千日《みちひ》経《ふ》るまで　荒ぶる恐れ

宮中より下り下民《しただみ》となりはて、蓑笠をつけ流浪うこの情けない私の姿は、実から木が生じるように自分の播いた種であった。ハタレ魔軍が起り、八年間もの間世を動乱させてしまったわが身の荒々しさを今となって恐ろしく思う。と、三度《みたび》歌われると、甥《おい》の伊吹戸主命はさすがに肝にこたえて、肉親の情より涙が溢れ、叔父と共涙《ともなんだ》するのでした。駒より降り、素盞嗚尊の手を引き起こし、「叔父上、如何に血脈に荒金の血が流れていようとも、天照大神とは血を分けた兄弟ではありませんか。私と共に根の国の白人、胡久美らを討ちに参りましょう。功《いさおし》を立てれば大御神《おおんかみ》の心もきっと晴れる事でしょう」と、素盞嗚尊と共に一路、白人、胡久美討伐へと向かわれるのでした。

〈許された素戔嗚尊〉

素戔嗚尊と共に無事白人、胡久美らを討ち果たした伊吹戸主命は、その結果を告げに天照大神のもとへ馳せ参じると、大御神は大そう喜ばれました。ちょうどその時、天鈿女命《あめのうずめのみこと》が弓を打ち鳴らし奏でるのを御覧になられた大御神は、それをもとに六弦の琴を御作りになりました。姉和歌姫にその琴をお授けになると、姫は夫の思兼命と仲睦まじく弾いて楽しまれました。天照大神は、素戔嗚尊の大蛇退治の手柄から、この六弦琴を「八雲打ち（射）の琴」と讃えられたのでした。褒美《ほうび》に、伊吹戸主命は山田県《あがた》を賜り、素戔嗚尊は八重垣幡を賜りました。この八重垣幡こそ、宮中に忠義を尽くす八重垣の臣としての印なのです。

〈「八雲立つ」の御神詠〉

素戔嗚尊は天晴れて、天照大神を敬い申すこの目出度き日を祝い、清《すが》の地に櫛稲田姫《くしいなだひめ》の名をとった櫛稲田宮を建てられたのです。細矛千足国《さほこちたる》も国号を改め出雲国となりました。「天成道《あめなるみち》」が徹《とおり》太平の世となりました。民の居も安く再び平和が訪れたのです。宮の完成前に稲田姫は目出度く身籠って居られました。素戔嗚尊がこの時の御心境を歌に託し詠まれたのが、この歌です。

・八雲立つ　出雲八重垣《やゑがき》妻籠めに　八重垣作る　その八重垣わ

この御神詠を姉和歌姫に捧げました。和歌姫はこの歌に、素盞鳴尊の至り着いた清浄な境地を察せられ、血脈の情より素盞鳴尊をお許しになると同時に、稲田姫に八雲打ちの琴の秘法を伝授されたのでした。そして稲田姫はその悦《よろこ》びに、素盞鳴尊の歌に合わせてこの琴を仲睦ましく奏《かな》でるのでした。すると、和歌の言霊と琴の響きに、到々奇妙《くしたえ》なる神力が顕《あら》われたのでした。この奇しき妙なる響きに因み、生まれた子を奇杵命《くしきねのみこと》（奇き音《ね》）と名付けられました。この琴の音によって心優しく育った子供は後の大己貴命（大国主尊）です。

〈歌の解釈〉

そして、この「八雲立つ」の神詠の真意はこうなのです。

常に叢雲の立ち昇る八重谷に住む大蛇を、私はこの出雲の地で討ち果たすことが出来ました。また天照大神からは、忠臣の印としての八重垣幡まで賜る事が出来ました。その悦びに私はこの出雲の清《すが》の地に宮を築き、八重垣の臣としての忠誠を誓う印として、八重垣を張り巡らします。折しも腹籠《はらごも》った妻を、その宮の中に籠《こ》め、夫婦睦まじき事によって顕われる神力によって、見事大蛇から妻を守護し朝敵から大君を守護奉ります。

また、和《やわ》す教えをもって民を養育いたします。天照大神の「和して巡る」の歌の真意がようやく理解出来ました。もう決して大蛇などには惑わされたり致しません。という誓いと決意の歌だったのです。

具体的に言うなら、

1、妻を天子にたとえ、八重垣を素盞嗚尊自身にたとえ、何としてでもお守りする忠臣の決意を表し、

2、天ヶ下　和《やわ》して巡る　日月こそ　晴れて明るき　民の親《たら》なりの「和『ヤワ』す」、事の重要さをやっとの思いで覚られたその意を歌にこめ、八重垣の『ヤ』で始まり『ワ』で終わる歌を詠まれた事。故に「八重垣を」では意味をなしていない、「八重垣わ」なのだという事です。

3、天照大神から「八重垣幡」を賜った事は「八重垣の臣」として、幾重にも垣のようになって宮中を守護する決意を込められていたという事なのです。

〈再び転生する大蛇《おろち》〉

以上が素盞嗚尊と大蛇に関する物語です。然し大蛇の物語は茲で終わった訳ではありません。九頭の大蛇と変じた持子の大蛇は、瀬織津姫を噛み殺さんと百五十万年の間、ヱゾの白竜の岳に潜んでいたのです。

その後、素盞嗚尊の子、大己貴命と竹子姫との間に生まれた島津彦命は、三女神の死後その御魂を祀って敦賀の浜に居られた時に九頭の大蛇を発見します。大蛇を追いつめると、越の国の洞穴から逃げ信濃に出ました。（越前＝福井県に伝わる民話に、九頭龍退治の話があります）。伊勢に居られた戸隠大人《うし》はその事を聞かれ、信濃に馳せ帰り大蛇に言われました。「お前は今、身の

怨念の炎を断たねばならぬ。わが御饌《みけ》を喰《は》んでつぐみおれ。穢れの身を清めれば罪も消え、また人と生まれ変わる事も出来ようぞ。」今でも戸隠神社は九頭龍神を祀ります。

〈大蛇《おろち》の実体は妬《ねた》み〉

ここで、大蛇に就てのもう少し詳しい記述を『ホツマ』原文に見てみましょう。16紋にこうあります。

妬《ねた》むその息　一万三千《ひよろみち》　群れて鱗《うろこ》の大蛇なす卵巣《たましま》の暇　窺《うかが》いて　子宮《こつぼ》に入りて
孕《はら》み子を　噛み砕く故　種ならず　片輪生むなり　貧しきは
及ばぬ臣を　羨《うらや》みて　怨みの仇に　種滅ぶ
人をねためば　日に三度《みたび》　炎食らひて　身も痩《や》する
妬む妬まる　皆咎ぞ

この原文を読むと、大蛇の本質が妬《ねた》みという思念にある事が理解できます。そして恐ろしい事には、その大蛇が卵巣の暇を見て子宮に入り、妊娠した子供を噛み殺すとあります。子孫繁栄の「伊勢・鈴明《すずか》の道」に対して、子孫滅亡の道が大蛇道なのです。その手助けとなるのが六《む》ハタレの魔軍です。この大蛇道に対する教えが、最後に載る「妬む妬まる　皆咎ぞ」という教えです。

人を妬《ねた》んではならないという事は当然ながら、人から妬まれる所行もしてはならない、という大変難しい教えです。これは、悪い思念が人に影響を与えるという事を前提にしていますが、現在の科学による思念エネルギーの研究によっても十分実証可能な事であると思います。

大蛇の防御策として、サッサ腹帯（岩田帯、日立帯）があります。これは香取、鹿島、息栖（地名、東国三社）三神に関係する神力を込めた腹帯で、これによって、大蛇の怨念から子孫を守る訳です。腹帯の風習は今でも根強く残っています。そして『ホツマ』にはこのサッサ腹帯に関連して「慎み」という事が強く説かれています。16紋29頁。

花と花　打てば散るなり　諸共に　常に慎み　な忘れそこれ

とあり、身心に対する慎みの教えが出ています。「花」とは女性のこと。女と女がぶつかれば身を滅ぼし、子孫を滅ぼす、という事です。日本文化の特徴である「慎ましさ」は、このような必然性を持っていたのです。

今一つ大蛇に対する防御といえるのが「伊勢の道」、すなわち夫婦和合の力です。宮を構え妻を入れて和歌と琴を睦（六つ）に弾《ひ》き、奇しくも腹籠った奇杵《くしきね》の、奇しき音《ね》の命との父母子の「アワヤ」の合力によって、大蛇を寄せ付けなくする訳です。

一方、素盞鳴尊に斬り殺された早子大蛇（八岐大蛇）は大山祇命《おおやまつみのみこと》の娘石長姫《いわながひめ》へと生まれ変わり、後に、天孫瓊々杵尊《ににきねのみこと》（ニニギノミコト）の后でありわが妹である木の花咲耶姫を陥れんと謀計をめぐらすのです。

＊ここの処は古事記とホツマではだいぶ違うので二つ取り上げてみましょう。

○古事記の木の花咲夜姫

日嗣の御子である「ヒコホノニニギノ命」は、笠沙《かささ》の岬でみめ麗しい乙女に会った。そこで早速、「誰の姫か?」と尋ねた。乙女が答えるには、大山津見神の娘で、名前は神阿多都姫《かみあたつひめ》。別名は「木花佐久夜毘売」と申します。そこで更に「お前には兄弟《はらから》があるのか」と聞いた処、「姉に石長比売《いはながひめ》が御座います。」と答えた。そこで思う処を打ち明けて、「私はお前を妻にして、共に寝たいと思うのだがお前の気持ちはどうだろうか?」と尋ねた処、「私からは何とも申し上げられません。父のオオヤマツミノ神の口から、御返事致しましょう」と答えた。

そこで早速、父のオオヤマツミノ神に使いを出して、姫を妻にしたいと所望した。父神は大そう悦び、百に及ぶ机の上に結納の品物を積み重ね、これを持たせて、コノハナサクヤ姫ばかりでなく、姉のイハナガ姫をも一緒に添えて、娘を差し上げた。処が此の姉の方は、ひどく醜い顔をしていたので、命は一目見るなり怖気《おじけ》をふるって、早速父神のもとへ帰してしまった。そして妹のコノハナサクヤ姫だけを留めて、一夜寝床に入って共に寝た。そこでオホヤマツミノ神は、イハナガ姫が返された事をたいそう恥じて、次のように言い送った。「私が娘二人を、一緒に差し上げたというのも、イハナガ姫の方はその名の示す通りに、天津神の代々の御子のお命は、雨が降り風が吹こうとも、びくともしない岩のように、永久に揺らがずましますようにと、またコノハナサクヤ姫の方は、その名前の示します通りに、桜の花の咲き匂うように栄えますようにと、この様に誓約《うけい》の誓いを立てて、差し上げたもので御座います。それにも関わらず、いまイハナガ姫をお返しになり、コノハナサクヤ姫の方のみを御留めになったのですから、天神の御子のお命と雖も、桜の花の散る様に、脆《もろ》く儚いものとなりましょう」このように言い送った。

こういう訳で、今に至るまで代々の天皇の命は長くないのである。

この後になってコノハナサクヤ姫が、命《みこと》のもとに出て言うには、「私は貴方の子を身ごもって居りましたが、今やお産をする時になりました。然しこの子は、天津神の御子なのでございますから、私一人の子としてお産をするべきものではございません。それ故、このように申し上げておきます」とこう言った。

それを聞いて命が嘲《あざけ》るには、「何とサクヤ姫、お前は一晩で孕んだというのか？　それは私の子ではないだろう。きっと国津神の子だろうよ」と言ったので「私の孕んだ子が、もしも国津神の子であるならば、必ずや無事に済むとは思われません。もしも天津神の御子であるならば、必ずや無事に生まれるでしょう」。姫はこう答えて、出入り口のない、広さ八尋《やひろ》もある御殿を造り、その中に入って、内側から土を塗って塞いでしまった。愈々お産をする時になると、この御殿に内から火をつけて、子供を産んだ。そこで火の盛んに燃え上がった時に、生まれた御子の名は火照命《ほてりのみこと》。次に生まれた御子の名は、火須勢理命《ほすせりのみこと》、次に生まれた御子の名は、火遠理命《ほおりのみこと》、その別名は天津日高日子穂穂手見命《あまつひだかひこほほでのみこと》。即ち、日は高く輝き、その日の神の御子であると共に稲穂が盛んに実る意味と、火焔の中から立ち現れた意味とを兼ねた名前である。この初めに生まれたホデリノ命は、筑紫に住んだ、隼人《はやびと》の君の祖先である。

○ホツマの木の花咲耶姫　松本善之助氏の本より引用。「桜に誓ったアシツ姫」

・皇孫との契り

富士の裾野を開拓した皇孫ニニキネノ命は、サカオリノ宮に入りました。このサカオリノ宮のサカオリとは、山梨県甲府の酒折ではなく静岡県富士宮市大宮の旧官幣大社富士山本宮浅間神社辺りに当てる方がいいように思います。

この御宮を預かっていたオホヤマツミノ命が、皇孫を心を込めてもてなしたのは言う迄もありません。そして娘のアシツ姫（兄花咲耶姫）を食事に奉仕させました。アシツ姫はその夜召されて皇孫と契りを結んだのでした。ニニキネノ命は、いったん当時の都であったニヒハリノ宮、今の茨木県間壁郡新治村古都の丘（あるいは西茨木郡岩瀬町の神主玉神社）へ戻った後、再び海辺伝いに行幸するとお布礼を出しました。行路は恐らく霞ケ浦から利根川を経て九十九里浜に出、房総半島沿いに相模灘に入り、小田原から熱海市の伊豆山下の海岸べりに上陸したのかも知れません。そこでオホヤマツミノ命はイズサキの行宮《かりみや》に皇孫を迎えましたイズサキが「伊豆埼」と訳していいなら、現在の伊豆半島の事に違いないでしょうが、行宮が同半島のどの地点であったか、今のところまだよく分かっていません。あるいは神奈川県箱根の箱根神社か伊豆山神社の辺りであったかも知れません。

前に御側に侍《はべ》ったアシツ姫はこの度も勿論御給仕に上がりました。その時、アシツ姫は、皇孫に身籠った事を恥ずかしそうに申し上げました。これを聞いた皇孫はとても喜び、「それではすぐ伊勢の天照大神にお知らせしよう」と、早速、旅支度に取り掛かりました。

・母と姉の策略

その時の事です。アシツ姫の母親が同姫姉イハナガ姫を連れて行宮に上がり、お目にかかりたいと申し出ました。許されて午前に召されると、母親は言葉巧みに、次のように言うのでした。「妹のアシツ姫より、もっともっと可愛がって育てた姉が御座います。どうか、お召しになって下さいませ」皇孫はこの言葉につい心を動かされ、姉イハナガ姫を召す事になります。処が、御前に出て来たイハナガ姫は、体の形はゴツゴツしていて顔は醜く、母親の話とは大違いです。皇孫は、事の意外に驚き「こんな筈ではなかった。やはり妹のアシツ姫の方が良い」と思わず漏らすのでした。この一部始終を知った父親のオホヤマツミノ命は、直ぐに妻を呼びつけて叱りました。

「このような結果になるのは初めから分かっていた。だから姉のイハナガを大君の前に出さないでいたのだ。それをお前は私の気持ちも察しないで、途んでもない事をしてくれた。大君に対して大変な失礼をしでかしたのが分からないか。さあ、急いでイハナガを連れて退散せよ」

こう言って、オホヤマツミノ命は行宮から、母親とイハナガ姫とを追い帰そうとしました。母と娘の両人は、この仕打ちをひどく怨み、皇孫に仕えているシモメ（下女即ち女官）を抱き込み、アシツ姫をおとしめる策略を巡らしました。

間もなく皇孫とアシツ姫とが、伊勢へ出発すると、お供のシモメは皇孫に近づこうと狙っていました。たまたまシロコの宿に一行が着いた時、漸くその機会が訪れました。シロコとは三重県鈴鹿市白子で伊勢街道の古い宿場であり、今は鼓《つづみ》ヶ裏海水浴場としても知られている所です。

シモメは、そっと皇孫の耳近くに寄って、アシツ姫の身籠ったのは他に男性がいるからだと申し上げました。皇孫はこの告げ口を聞かされ契りを結んだのは僅か一日だった事を思い出し、姫に疑いを抱き始めました。そして姫だけを残して、宿を夜半に立ち伊勢に向かってしまいました。

・マサ種なら咲け

翌朝アシツ姫は皇孫がすでに出立したのを知って大変驚きました。こうなった上は、たった独りでも行く他はありません。皇孫の後を追いトボトボと弱い女の足でやっとの事で松坂に着きました。すると、使者が待機していて、もうこれから先へ行ってはならないとせき止めるのです。身重の体でどうすればいいというのでしょうか。この時のアシツ姫の切羽詰まった気持ちは察するに余りあります。つれない悲しい思いに閉ざされた事でしょう。仕方なく、姫は重い足を引きずりながら、もとのシロコの宿に帰って来ました。そしてここで、一本の桜の木を植え、それに向かって語りかけるのでした。

「私がこんな目に遭うのは、誰かに妬まれたからに違いない。桜よ！　どうかこの恥を濯いでおくれ」

アシツ姫は、曾祖父のサクラウチノ命が昔、桜の木を天照大神に捧げて大内宮に植え、花の咲き具合によって、イモ（妹）とヲセ（背）、即ち男女の道が正しく行われているかどうかを占ったという故事にならったのです。

大内宮の桜というのは今でも京都御所の紫宸殿の前庭にあって、「右近の橘」と共に有名な「左近の桜」の事なのです。また、イセというのはイモ・ヲセと言う語の略なのですが、このような意味のイセに対して「伊勢」という漢字の当て方は、純粋古語の意味を正しく表現していない事になります。地名の本当の謂れが今日分からなくなっているのはとても残念な事です。

更に、アシツ姫は、この桜に向かって次のように呼びかけました。

「桜よ、心あらば聞いておくれ。私のお腹の子がアダ種ならばしぼめ。マサ種ならば、産む時に咲いておくれ」

それから姫はシロコを発ち、里の静岡県三島市にあるオホヤマツミノ命の邸、今の三島大社へ帰って来ました。

アシツ姫は月満ちて、六月初日に丸々とした三つ子を産みました。すると、不思議な事にその胞衣の模様が、長男は梅、次男は桜、三男は卯の花と三種類に見分けられるではありませんか。

姫はこれはどうした事かといぶかしく思い、伊勢にいる皇孫に知らせました。然し何の返事も貰えません。皇孫の姫に対する疑いは、依然としてくすぶり続けていたからです。

返事のなかった事で姫の悲しみは更に深く、富士の裾野に出口のない室屋《むろや》を造らせ、回りに芝の垣根を張り巡らし、そこに三人の子と共に入り、誓いを立てました。

「この三人の子がアダ種で出来たのなら、子、共々私は焼き死ぬでしょう」。姫はこう言って、室屋に火を付けました。炎は燃え盛り忽《たちま》ち火の海です。熱さに子供達は耐えかねてもがき這い出そうとします。

この時でした。遠くの峰で、この様子をじっと見ていた竜が、急に舞い降りて来たのです。そして水を吐きかけ、吐きかけ、一人ずつ子を導き、這い出すのを助けたのでした。付近の人々がこれに気付き、大急ぎで火を消し、姫もやっとの事で引き出しました。そして人々は姫と子供達を輿に乗せ、サカオリノ宮に送りました。伊勢の皇孫に、直ぐ使者を立て、この変事を知らせたのは勿論です。使者が街道筋に当たるシラコを通ると、姫がかつて誓いを立てて植えた桜は、三人の子をお産みになった日、それは六月一日でしたが、季節外れというのに花を開き、それ以来ずっと咲き続けているという事で、使者もこれをその目で見てびっくりしました。伊勢に着いた使者は、姫と三人の子の変事を報告する際、シロコの桜の事も忘れずに言い添えました。

・歌に思いを

この事を聞いた皇孫は、いっぺんに疑いがとけ、姫の潔白を悟りました。こうなると、もうじっとしてはいられません。すぐさま、カモ船に乗り、全速力で飛ばしてオキツ浜に到着しました。今の駿河湾の興津の事です。皇孫の御着きの報せは、直ちにサカオリノ宮に静養している姫のもとに届けられます。しかし、姫は一室に閉じこもって使者に会おうとしませんでした。このありのままが使者から報告されると、皇孫はしばし、じっと思いを凝らしている様子でしたが、ウタミ、これは「歌を見る」の意で、今の短冊のようなものだったと思いますが、このウタミに心のありのままの歌を書きつけました。そしてこの歌をソサノヲノ命の孫オキツヒコノ命を勅使に立てて、姫のもとに届けさせました。姫が押し戴いて拝見すると、次のように書かれていました。

24紋34ｐ
沖つ藻は　辺《へ》には寄れども　さ寝床《ねとこ》も
あたわぬかもよ　浜つ千鳥よ

歌の意味は、沖の藻が海辺に寄せて来るのに、安らかに迎えてくれる寝床も無いのだろうか。浜の千鳥よ、この心を分かっておくれ、というものです。沖の藻とは皇孫ニニキネノ命の事であり、さ寝床とはアシツ姫を指しているのは言う迄もありません。皇孫が疑いの心を晴らして手を差し伸べているのに、姫は未だ心を閉ざしているのかという心を現したものに違いないでしょう。

・恨みの涙は消えて

姫はこの歌を詠むと、胸につかえていた恨みは、淡雪のように消えて晴々とした気持ちになったのでした。そして我を忘れて裸足《はだし》のまま、裾野を走り続けてオキツ浜へと向かいます。ここの処をホツマの原文には、次のように書かれています。

24紋35p
この歌に　恨みの涙　解け落ちて　肝に応への　徒歩裸足《かちはだし》
裾野《すその》走りて　オキツ浜

何という率直で感動的な表現でしょうか。喜びに溢れたアシツ姫の姿が目の前に彷彿とします。皇孫はたいそう喜んで姫を迎え、輿を並べてサカオリノ宮へと進みます。中途迄オホヤマツミノ命が安堵一杯の気持ちで出迎えます。諏訪のタケミナカタノ神の子孫の命も、はるばるとやって来て、御馳走を沢山作って歓待しました。サカオリノ宮に入った皇孫は笑みを満面にたたえながら、次のように詔《みことのり》しました。
「諸神達よく聴いてくれ。私は先にアワ海（今の琵琶湖）の北辺を通った時、三月だったが遅咲きの『梅』が誠に見事であった。次にタカシマ（今の滋賀県高島郡）の辺に差し掛かった際は『桜』が見ごろになっていた。ついでウカハ（高島郡鵜川）でサルタヒコと出会った時は、『卯の花』が盛りであった。それでそれぞれの花を折りかざして楽しんだものだったが、『それが我が子の胞衣《えな》の綾《あや》となって現れた』のは、何という瑞兆である事か。だから、三人の子達にはこれらの花をイミナに付ける事にしよう。第一の子にはホノアカリと名付けイミナはムメ（梅）ヒトとしよう。次の子にはホノススミのサクラ卯（桜）ギ、末の子にはヒコホホテミの（卯ツキネ）がいいであろう」。ここで一息入れ、優しい眼差しで姫の方を見やりながら、こう言いました。「姫が、子を産んだ日からシロコの桜の花が断えない。だから姫はコノハナサクヤ姫と名付けよう」、そして、富士の山が良く見えるこの場所に新たにお宮を造り、姫は末永くここに住む事になりました。浅間神社という神社がコノハナサクヤ姫をお祀りしているのは、このような話があるからです。また、ナツメの神（懐く・なつく女）が生衣《うぶきぬ》を作って奉り、コノハナサクヤ姫は自らの乳で、三人の子を育てました。それで子安の神とも言います。

・忘れられた古社

最後に、どうしても言っておきたいのは、この大事な古伝承が古事記にも日本書紀にも、崩れた形でほんの断片くらいしか伝えられておらず、シロコの「不断桜」の事など、露ほども載せてはいないという事です。然しそれにも関わらず、前述のように、シロコには厳然として「不断桜」が残されているのです。私は今年の四月、名古屋の同友と一緒に、この「不断桜」を探訪しました。遠く隔たった神代の物語が今どうなっているのか、一同興味津々たるものがありました。

白子に着いてみると、「不断桜」は前々から調べておいた資料通り、「子安観音」の境内にありました。この桜の事は誰でも知っていて、直ぐに場所を教えてもらえる程有名でした。中途迄行くと、赤ちゃんを連れた若い夫婦が三々五々睦まじそうに参詣する姿が見られました。アシツ姫に、コノハナサクヤ姫という名を賜ったその由縁の「花断えず」の桜、即ち「不断桜」は、子安観音寺の大きな仁王門を入った直ぐ左手に見つける事が出来ました。……私達のここでのもう一つのお目当ては、千年以上も前に建てられた比佐豆知《ひさづち》神社です。この神社がどうしても当地になければならぬ筈なのです。比佐豆知という名は久ツ霊（チ）、即ち「久しい間咲き続けている特別な靈力」という事で、無論不断桜の事に違いありません。そしてこの社の祭神はコノハナサクヤ姫です。探した末、ヒサヅチ神社は観音寺の境内の左隅の垣根の外にありました。……木の花咲耶姫の事を『子安神』と讃えたのでしたが、そんな事はまるで忘れられてしまい、今は『子安観音』と観音様にお株をとられてしまっているのです。

以上で古事記とホツマの「木の花咲耶姫」を見て頂きましたが、「随分と違うもんだなあ」と思われたと思います。メシヤ様の御教えによれば、「ニニギノ命に関してははっきりと言えないものがある」とありますから、時期が来たら御開示頂けるとの思いはありますね。本来ならば「正勝吾勝勝速日天忍穂耳尊」に芦原中国《あしはらのなかつくに》を統治する事が決まっていたのに、出かける支度をしていた時に御子が生まれたのでその御子を遣わせる事になったのです。この時点ではまだ早かったのでしょう。

さて、一寸回り道しましたが、元に戻します。

〈頻繁に出る「八」の数字〉

＊ここでソサノウは八重垣を巡らし「君」を守る決意を表明し、「君」からは「八重垣幡《やえがきはた》」を与えられたと出てきましたので、「ホツマ」は「八の数字が頻繁に出て来る事にお気付きになられたでしょう。この事に就て、復習の意味も込めて、少し長くなりますが、「その根本義に就て」触れておこうと思います。

「太初《はじめ》の神を、天之御中主神と名付く。地球八面《くにたまやも》を巡り、人を生みて後、天に帰り給ふた。然る後、天祖神《あめのみおやのかみ》再び現神（かみ）と生まれて主君となり、天の常立の道（天常立尊《あめのとこたちのみこと》・「法」）を以て人を教え給ふた。故にその神を国常立尊と名付く。此の神、地球八面《くにたまやも》を経営し給ひ、八神を生みて八面《やも》に別ち、君主と成し云々……と、兎に角「八」という数字が頻繁に出て来る事に驚かされると思います。

御中主尊の御働きで、次いで肉体を伴って出られた御中主尊は国常立尊となり、天常立尊の法に従って地球八面《くにたまやも》を経営し給ひ、八降りの皇子を生みて八面《やも》に別《わか》ち、それぞれを君主と成し、その子孫は臣や八民《やたみ》となって国を形成して行く事になるのですが、国常立尊様が出られていきなり八皇子《やみこ》をお産みになられるのですから、国常立尊様が「八」という数字を伴って出て来られたのには驚きました。「八」は只の数字ですが、この真の意味は何処にも書かれていないのです。メシヤ様の信者以外は誰方も説明は出来ないでしょう。ホツマにしても「神秘な数とか、多数」位なものです。我々は「八」とくれば瞬間的に「いづのめ」と連想します。本当の意味、は「伊都《いづ》能売神《のめのかみ》」の事なのです。ですから御中主尊が次に国常立尊になられていきなり八降りの皇子を生みて八面に別ちという具合に「八」が出るという事は国常立尊は伊都能売神のお働きを併せ持つ御存在である事を匂わせている事になり、時が来るまで隠された御神名という事が出来るでしょう。伊都能売神とは古事記では九十番目位に出て来られる神様で、国常立尊様との時差はありますが、イザナギの尊様の禊《みそぎ》がこの神様によって完遂されるのですから、火水・日月・男女・霊体・陽陰とバランスの取れた神様で、将来的にも非常に重要なお働きをされる神という事になるのです。「八」は富士山でもあり、その気高さは群を抜いてます。メシヤ様は「隠されて居られた神様であり、強いて神といえるのは、伊都能売神位なものだ」と仰せられている神様です。という事は、当初から国常立尊様に内包されていた神様という事ができるでしょう。この神様の事は別途取り上げさせて頂く事にしますが、兎に角大和という国は「八」でなくては始まらないのです。

〈八咫《やた》の原理〉

火「カ」と水「ミ」で『神』。

火は五で、水はサンズイで三。五と三で「八」。八の左の「ノ」は左進右退、右の「㇏」は右進左退ですから「八」は霊と体を有し、また陽陰・日月・火水・カミを併せ持たれている事を示されています。また、「力」というのは縦緯結んで左進右退に回転してなるもので、神仏の中でお名前の下に力を付けられているのは観音様だけで「観音力」という言葉があるのは、観音様だけであり、伊都能売神が素盞鳴尊に追われて、印度に行かれるのですが、そこで国常立尊様は余りの厳格性を反省され、慈悲を説かれ善悪隔てなく救われる観音様となられたのですから、観音様とは国常立尊様の別の御姿という事になります。勿論本来の国常立尊様は霊界に行かれて閻魔大王となられる訳ですから、裁きの神様でもあり、慈悲の神仏にもなられる訳です。

この伊都能売神様の御働きとしては八皇子として出生され、フトマニ図に於てトホカミエヒタメ八神となられ、天御祖尊（アウワ三神）を守護される神という事です。

トホカミエヒタメ八神の配列に、真ん中の天御祖尊（アウワ）の一角を入れて都合九角が国を治める「君」の位となり、ヲシデ（古代文字）の治めるの「ヲ」は○で文字と配置の図形が同じなのです。

更に面白いのは九画は九頭龍、八角は八俣の大蛇と見立てた場合、極善と極悪も連想されます。本当の極善はスサノウに追われた伊都能売神皇で、印度で観音様になられ、日本の神様はやはりインドに逃れ仏となられたのですが、逃れるのを拒否した八大竜王は三千年の夜の期間は、日本の湖や海峡に沈み日本国を守護された事になってるのですから上手く出来てますね。そして昼の世界になると仏は元の御位に戻られるのですから、神仏同根は紛れもない事実であったという事になるのです。天照大神様は大日如来、月読尊様は阿弥陀如来、稚姫君命様は釈迦牟尼如来様というように日・月・地の神様の名は佛名もその要素を取り入れた名になられる訳です。ただ、「土」である釈迦牟尼如来は土には相応《ふさわ》しくないようですが、大本教の「出口なお」さんは半分は釈迦牟尼如来、あとの半分は国常立尊である事を明かされてますから、正真正銘の「土」と言える訳です。そしてこの御三方は時が来ると如来から弥勒となられ日の彌勒は「応身彌勒」、水の彌勒は「法身弥勒」、土の彌勒は「報身弥勒」となられ「弥勒三会」の暁に……兎に角、トホカミエヒタメ八神は、日本独特の「八咫の原理」の原動力になっているとの事で、日本では、誕生も神上がり（帰幽）もトホカミヱヒタメ八神の神力に支えられて行われていた事が記されているとの事です。

・八咫《やた》の原理

そこで「八」に就ては「八咫《やた》の原理」というものがあるのですが、言霊的には「や」は「屋」で「社《やしろ》」の「や」であり、「た」は助けるの「タ」で、「ヤタ」とは「社に於て民を助ける」という意味になるそうで、ヲシテ（古代文字）は「」で、日月星の三光が○の中に入り合体して助けるの「た」と解釈が出来るという事のようです。漢字の意味から云えば「咫（た）」は（広辞苑によれば「上代の長さの単位で、手のひらの下端から中指の先端までの長さをいう」、という事ですからその長さの×八＝八咫で、八咫鏡の直径は仮に私の掌としたら約十八センチですから直径百四十四センチの鏡という事になります（ホツマの八咫はもっと合理的になるのでしょうけど略させて頂きます）。

　ただどういう由来で鏡が必要なのかと言えば、古代より祭政の中心は宮中、即ち社でした。そしてその社の中に坐《ま》す君が恵み助けるのが八方《やも》の八民《やたみ》という事で、君は八咫鏡によって、八民の生活の状況を鑑みられるというのです。「カガミ」は「カンガミル」のつづまったもの、或いは「カ」即ち陽、「ガ」即ち陰を見る、と言う意味にも考えられるという事です。何故か飛躍するようなのですが、「タ」のヲシデｐ４９０の文字を天と父に配して、これを逆さまに配して、「ラ」のヲシデ、と書かれています。これは「ラ」と言うヲシデで、地と母に配します。従って、タラチネ（ヲシデ）と言う語は、天である父が上となり、地である母が下となって合体すれば、子を孕み乳が満ちて、子孫繁栄の根となる、という事と考えられます。天と違わして正しく子を造る為には、交合の際、父が上、母が下とならなければいけないのです。八咫鏡とヲシデの「ヲ」には密接なつながりがある事が分かります。即ち八咫鏡は、君が宮に坐《ま》して八民を治める為に、その心を鑑みる神器でした。

「ヲ」は国を治めるの「ヲ」で、その形が八角と中心の一点を加え九画となり「八咫の原理」、「九（ココ）の原理」を兼ね備えています。全体の九画は九重《ここのえ》と、周囲の八角は八民と関連して来ます。これらの考え方を図示すると、鏡の真中の点を中心とした、八つの点から成る鏡の文様が出来ます。これは発掘によって出土している鏡に多く見られる紋様の原理です。

ここまで熟考した時に初めて、日本固有の死生観を述べた。
28紋26ｐ
世の身々の　垢は天元《あもと》の　サヲシカに　清め給ひて
精奇城《さごくしろ》の　恩頼《ふゆ》の鏡に　入ると思えば　……ｐ４９２

という、天照大神の「世に残す歌」が理解できるのです。天の八元神《やもと》の神力と八咫鏡の力によって八民を治められていた天照大神は、神上がられたのちも、今度は天の精奇城宮《さごくしろのみや》（神界の天国）の八咫鏡の中心に坐しておられるという事なのです。更に先の「九（ココ）の原理」即ち菊（ココ）の意味を考え併せると、更に高い美意識の織り成す古代日本の世界が甦《よみがえ》ってきます。

・八咫《やた》の原理　二
・八咫の冠＝天皇家代々に伝わる冠は、天照大神が御作りになられたものでサヲシカ八咫の冠というのですが、サヲシカの意味がなかなか厄介でした。サヲシカとは、「差し向ける代理者」或いは、勅使という事で、
ホツマ序文ｐ４
我が君の　代々《よよ》に伝わる冠《かんむり》は
天照神《あまてるかみ》の造らせて　サヲシカ八《や》つの御耳に

聴《き》こし召さるる　朝政《あさまつり》

とは、サヲシカ、すなわちトホカミエヒタメ八神の八つの御耳に、その冠が依《よ》り代《しろ》のようになって政事《まつりごと》を伝えるのだそうで、依り代とは神霊の代わり、代理として祀る事を云う。即ち冠を私と思って聞くのだと天照大神様は言われる訳です。

八咫の冠の及ぼす作用に就て更に詳しい説明を見てみましょう。

・八元神

序文p4の続き

衣臣裳民《はとみもたみ》に　緒（ヲ）を届け

天地（アワ）を束《つか》ねて　日月なす　裳裾《もすそ》をくめと

君民《きみたみ》の　教ゑ遺《のこ》して　天《あ》に還《かえ》る

とてな悼《いた》めそ我が御魂　人は天《あ》の裳《も》の上にある我は冠

人草《ひとくさ》は耳近き緒《を》ぞ　胸清く　身は垢《あか》つけど

サシ（使令）が見て　天《あめ》に告ぐれば　サヲシカの

八《や》つの聴《き》こえに　現れて　祈れもがもと御裳裾《みもすそ》の

民《たみ》を撫《な》でつつ　サヲシカの　清きに神は　ありと答えき

ここは、天照大神が神上がる時の、遺典《のこしのり》を記した部分です。

天照大神が仰しゃるには、

「常に人々の声を聴く八皇子《やみこ》神の神力とつながる八咫の冠は、衣臣《はとみ》や裳裾《もすそ》の民の心中に、その冠の緒の紐《ひも》を届けて、天と地と君臣民を結んで、天の日の輪に続く神力を恵み降ろす。その裳裾の意をくめと、君臣民の教えを遺して、私は今もとの天に還るのである。だが嘆いてはいけない。わが心魂は、常に天の裳裾である民の上にあるのだ。私は冠として、助け恵むであろう。人草は、私の耳に近き八皇子神の八咫の冠の緒紐《おひも》である。心が清浄であれば、たとえその身に垢が付こうとも、その土地土地の使令《さし》神、産土神《うぶすなしん》が見て、天神に告げる。すると、八皇子神が八つの世界の嘆きを聴いて分け降り、『ただ祈るべし』と、裳裾の民撫《たみな》で育て、諸災を退ける。サヲシカ八神は、清浄心にのみ宿るものであると、胸に応えて感ずるところである」。という事になります。

衣臣裳民《はとみもたみ》というのは天照大神のおめしになっている（はも）に連なっているという事になります。よって、冠＝君、衣＝臣、裳＝民（長袴、下半身用）という事になり、「八元幡」の八元といえばすぐに連想されるのは、トホカミヱヒタメ八神の八元神です。「常に聴くサヲシカ八つの我が冠《かむり》」とあるように、天照大神は常に、トホカミヱヒタメ八神の神力を感受する冠によって政事を行っておられた事を知ることが出来るとの事です。

天照大神は何というお優しい方なのだろうと熟々思い知らされますね。

「私が居なくなっても決して心配はいらない、その為に八咫鏡も、八咫の冠も拵《こしら》えてあるのだよ」と。

・八豊幡《やとよはた》＝天照大神が御誕生された時に、その吉凶を示すかのように、天に棚引く白雲が富士山にかかり、霰《あられ》が降って来たのでした。この目出度い徴《しるし》を布を以て表しました。

4紋18pに、

布もて作る　八豊幡

八隅《やすみ》に立てて　君となる

とあります。これは、君となる為の即位の儀式と見る事が出来ます。幡《はた》をただ並べたのではなく、お宮の八遇に建て、天照大神がその中心に坐《ま》した訳です。

・八幡宮《はちまんぐう》＝八幡宮とは、八幡神を祀る神社の事をいいます。御祭神は、応神天皇を主宰神として、左右の二座は神社によって変化します。比売大神及び神功皇后《じんぐうこうごう》などの神を配します。応神天皇のみを祀る神社もあります。「八幡」という名儀に関しては古来より諸説があって定説とされるものがない様です。そこで『神道大辞典』からの説が載せられてます。

1、応神天皇自ら出現に際して、広幡八幡麿《ひろはたやはたまろ》と称せられた事に由来する。

2、仏説による八正道の謂《いわ》れである。

3、八皇子の意味である。

4、応神天皇の降臨に際し、天より八旒《はちりゅう》の旗が降下した事にもとづく。

5、軍法にいう「八陣の法」の表現に関わる。

このような諸説が載っています。その中で特に注目すべき説は、三と四です。三、の八皇子といえば、トホカミエヒタメの八皇子以外には考えられません。天御祖神《あめのみおやのかみ》の八皇子である事は『ホツマ』以外では分らないので、このような推測が一般には出来ないのです。更に四、の応神天皇御降誕の時の八本の旗は、『ホツマ』に載る、天照大神の御誕生の時の八豊幡の伝承とそっくりです。両者には密接な関係があると考えられます。勿論、応神天皇はメシヤ様の前世ですから矢張り別格と言えるのでしょう。

＊ここの処は特筆すべき箇所です。メシヤ様の前世は応神天皇で在られた事、また天照大神であった事をホツマは伝えているのです。そして、応神天皇の時代に漢字が仏教と共に日本に入って来るわけで、ホツマも徐々にその使命を終えていく事になるのです。聖徳太子は応神天皇より、おおざっぱですが百年後に出られたとしても、（＊神功皇后の新羅出兵が四世紀後半で、聖徳太子が御生まれになったのが五百七十四年として）その前に伊都能売神皇としてインドに渡り、観音様として仏教を造られたのですから、天照大神様、観音様、応神天皇、聖徳太子と、メシヤ様は、一旦霊界に還られても休む間もなく現界に御経綸を遊ばされるのですから大変だよねと思わず唸ってしまいますね。大変お忙しかったことが察せられます。こうやって我が日本国は造られて来たのですね。勿論世界的御経綸の一端に過ぎないのでしょうけど神様の理想世界を造るという構想は「大メシヤの大経綸」となって、着々として進展させられるのですね。

さて、天照大神の御宇《ぎょう》に、大魔軍（ハタレ）が起り、世の中が騒然となります。その魔軍を討つために皇軍が決起します。

「これ皇命に背《そむ》き、民を羅枯《からか》れにする賊主を射つの軍法なり。その軍は私欲に成すものにあらず。

天子の御為に起こすところなり。」として八幡宮は武家の信仰の対象となって行くのでした。後世、八幡宮が源氏を始めとして武家の信仰の対象となったのも、元々八咫の原理とつながりを持つ八幡宮に皇軍的要素が秘められていたからに他なりません」という事です。
君臣民の一体感、お互いの思いやる心は何といっても「君」に発します。

大大和《おおやまと》　島根に生《あ》れし　さちわいは　事あるごとに　身に沁みるなり

大倭は「八」なればこその幸わいという事が出来るでしょう。
・八咫烏＝烏（カラス）とは「枯らす」で、醜女《しこめ》やハタレなどの不浄な魂魄を「枯らす」の意味だった事が分かります。神葬祭に見る八つの八咫烏は死者の霊に近づこうとする不浄なものを枯らすために配された鳥であったことが分かるのです。

【第五部】

〈「アウワ」から「アヤワ」へ〉

『ホツマ』に記されている処の「アヤワ」の教えから、人は天を父とし、大地を母とし、親子の関係の中で生まれ育っていく事が分かります。また「ヤ」は「八民」をも意味しますから、八民を人類と広義に解釈するなら、人類は、父である天と、母である地との恩恵を受けて生まれ育つ、という考え方に発展する事が出来ます。言い換えれば、宇宙、地球、人類が、「アワヤ」の教えの中で親子関係として結ばれる訳です。古代の人々は地球、宇宙に対し、親子の情を抱きながら接していたのです。人間が生活を営む上で、このような情操があるのと無いのとでは、発展の仕方が全く違って来ます。親子の関係が意識されなければ、宇宙や地球は只の物質と化し、人類だけが中心となって、どのような侵略、破壊も人類だけの判断で許されてしまうでしょう。然し古代日本人の考え方は、大地は常に優しい母であり、母が子に乳を飲ませるように様々な生活の糧を与えてくれる直接的な存在であり、天は父の如くたくましく、時には恐ろしい存在でもあるというものでした。

このように、論理を超えた情緒性として、日本人の自然観は高度な精神性を保ち、天地と人とは親子の情の絆によって繋がっていたのでした。従って、子である人間が親である自然をむやみに破壊したり、穢したりする事は、自分の親を傷つける事と同じだった訳です。それは近代の学者が説く処の、恐怖と禁制によって縛り付けるような自然観ではありません。日本古来の自然観は、血脈的自然観だったのです。

ところで、先に述べたように「アワの歌」も「アヤワ」を内在しているのです。

イザナキノ尊↓〈アカハナマ　イキヒニミウク……「ア」
　　　　　　　フヌムエケ　ヘネメオコウノ
イザナミノ尊↓〈モトロソヨ　ヲテレセヱツル
　　　　　　　スユンチリ　シヰタラサヤワ……「ヤワ」

上二十四音をイザナキノ尊が歌われたので「陽」の性質を持ち、下二十四音をイザナミノ尊が歌われ「陰」の性質を持つものと考える事が出来ます。

イザナキは「ア」を司《つかさど》り、イザナミは「ヤ」を含みながら「ワ」を司っています。これを言い換えるならば、イザナキノ尊は、「ア」を含む二十四音を歌う事により天となり、父となり、イザナミノ尊は、「ワ」を含む二十四音を歌う事によって地《くに》となり母となって、「ヤ」の民を抱き養育されたのでした。イザナキノ尊は民の父であり、イザナミノ尊は民の母だったのです。

＊参考までに古事記による神様の解剖によれば「アウワ」から「アヤワ」へに就ては「神代七代の時代」は普遍の神性から個別の神性の切り替えが行われたのが神代七代の時代で、基礎工事が行われて個々の使命を持たれた神々によるお働きが各所に行われて行く時代を迎えたという解釈をされています。

〈天照大神誕生までの道のり〉

松本善之助氏の本から「天照大神誕生」を語ってもらう事にします。

ここは天照大神以前の日本の神々に就ての伝承を綴った部分で、天照大神の皇太子、天忍穂耳《あめのおしほみみの》尊《みこと》が結婚前に、第五代高御産巣日神《たかみむすびのかみ》（豊受大神）から聞いた尊い話です。高御産巣日神は神酒《みき》を召して一段と張りのある声で、次のように話しました。

「神の教えとして聞いていると処によると、遠い遠い古《いにしえ》の事、天地《あめつち》が初めて創られまだ未分化の時、漸く兆しを発して天は動いて陰陽に別れ、陽《を》は天《あめ》となり、日の輪となった。陰《め》は奇土《くに》となり、月となった。神がその中にお生まれになってその名を国常立神と申し上げ、その住む国をトコヨノ国と呼ばれた。国常立神は八方八降《やもやくだり》の子八柱を生み、世界中に配し各々《おのおの》の国を治めさせた。これが国君の始めで、各八柱のクニサッチノ神という。国を清《さや》かな霊力《ち》をもっておさめたのでクニサツチノ神と申し上げる。このクニサッチノ神が各々子を五柱ずつ生んだ。この世継ぎの君を、トヨクンヌノ神と申し上げる。このトヨクンヌノ神が天から三つの術を分け与えられ、初めてキミ（君）、トミ（臣）、タミ（民）の区別が出来た。此の神には百二十柱もの子がいたが、ただし女子はなく、男神のみであった。そして長い長い三代の時代は過ぎて行った。」

以上がクニトコタチノ神、クニサッチノ神、トヨクンヌノ神の三代である。神聖なマサカキを植え継ぎ植え継ぎして五百本に垂《なんなん》とする頃（マサカキ一本は六万年もの寿命があるとされているから三千万年経った事になる）、その時世継ぎの男神ウヒヂニノ神が、この世に初めての女神スヒヂニノ神を娶《めと》って幸福な結婚生活に入る事になる。その元はといえば、コシ国のヒナルノ岳の神宮《かんみや》に木の実をお持ちになって二神が生まれたのでした。

〈二上神はウヒヂニ、スヒヂニ〉

ここで松本善之助氏の注を少し加えておきます。コシ国のヒナルノ岳の神宮というのは、久しく探していましたが、延喜式神名帖の越中国射水郡射水《いみず》神社、現在の富山県高岡市定塚町の旧国幣中社射水神社のことと思われます。これはウヒヂニ、スヒヂニの二神を思わせるのと、同社の位置が富山県即ち昔のコシノ国であるというのが決め手になります。然し、この二上神という以外の詳細な伝承は、現在の同神社では既に失われてしまっているようです。とは言え、同神社の鎮座する二上岳に就ては万葉集に長歌三、短歌十が見え、その中八首もが大伴家持《おおとものやかもち》の作であり、昔からホトトギスの名所として知られていたらしく、これらの歌の中に詠まれています。然しここで大事なのは、お山自体に神威《しんい》ありとされていたらしく、家持の次の長歌の一節は特に注目されます。歌の意味は、「出で立って振り仰いで見やると、領する神の格のせいか非常に尊く、山の格のせいか、大変人を引き付ける。土地を領する神のまします裾《すそ》みの山の云々《うんぬん》」というのですが、これは将に二上山の霊威を示すものとみられるからに他なりません。

右のようなら、記紀以来千二百年もの間、不明だった射水神社の祭神二上神の御正体が思いもかけず明確になった訳であり、しかもそれは神代四代目の神という高位の神であった事になります。

〈桃の節句の起源〉

ウヒヂニ、スヒヂニの二神が、さきの木（生まれた時に持っていたその木）の実を庭へ植えると、三年後の三月三日に花も実も百《もも》（たくさんの意味）になったので申し上げるようになった、モモ（桃）の花と名付けるようになった（これが三月三日桃の節句のヒナ祭りの始まりです）。二神のお名前もこれに縁づけてモモヒナキノ神、モモヒナミノ神と申し上げるようになった（ヒナというのは、まだ一人前になる前の名であり、この二神が木の実によって生まれたので、男神の事をイサナキの神の例で分かるように「キ」と云い、女神はイサナミノ神のように「ミ」と名付けられたのでした）。二神が成人されてからの三月三日はお神酒《みき》を作って奉った。百戸《ももと》（各戸）でお酒を庭で酌み交わす盃に月が見事に写し出される（これが今でもヒナ祭りにお神酒やお屠蘇を内裏様に捧げるもとです。内裏様と言うのは勿論、このウヒヂニ、スヒヂニの最初の夫婦神の事を指すのです。斯《か》くてお神酒は初め女神が飲んだ後に男神に勧めてお床入りとなる（これが今の結婚式の三々九度のはじめです）。

暑い夜を過ごした翌朝、清冽な川の水を浴び袖がヒヂテ（濡れて）夫婦神の心は和やかに結ばれて完《まった》きとなった。（ウは「大」）で男性を、スは「少」（ス）で女性を意味するから、ウ（男性）の袖《そで》がヒヂテでウヒヂとなり、ス（女性）の袖がヒヂテでスヒヂとなり、語尾に和《に》ゴコロの「ニ」を付けウヒヂニ、スヒヂニの神と申すのです）。

これ以後、二神にならって、臣も民も皆妻をめとるようになり、国民すべてが一定の男女関係の秩序を持つようになったのです。

「神代七代の神」を載せます。

浅野正恭《まさやす》氏（浅野和三郎さんの兄さん）の草稿「古事記の生命観」を土台に野澤師が加筆されたもので、歴代の神様を七次元に分けられたもので、

七次元……天之御中主神、高御産巣日神、神御産巣日神

六次元……宇麻志阿斯訶備比古遅神、（うましあしかびひこじのかみ）

天之常立神、国常立神、豊雲野神

五次元……神代七代の神

一代・国常立神（くにとこたちのかみ）

二代・豊雲野神（とよくもぬのかみ）

三代・宇比地邇神（うひじにのかみ）、妹須比智邇神（いもすひじにのかみ）

四代・角杙神（つぬぐいのかみ）、妹活杙神（いもいくぐいのかみ）

五代・意富斗能地神（おうとのじのかみ）、妹大斗乃弁神（いもおうとのべのかみ）

六代・淤母陀琉神（おもだるのかみ）、妹阿夜訶志古泥神（いもあやかしこねのかみ）

七代・伊邪那岐神（いざなきのかみ）、伊邪那美神（いざなみのかみ）

四次元……伊邪那岐神（いざなきのかみ）、伊邪那美神（いざなみのかみ）

三次元……天照皇大御神

これが正解で、ウヒヂニ・スヒジニ二神の順番が何処らへんと言うのがお分り頂けると思います。

○参考までに、

〈神代七代の神〉

一代は　神御産巣日神の働きが発達して原子元素と成れる働きで遂には土となるものがクニで「常立」とは恒久不変の存在という事。第五次元の主宰神。↓国常立神

二代は　原子元素が際限なく豊富に組み合わせるという意味で、無機有機の化合物を指す。↓豊雲野神

三代は　土壌の成分を司どる神↓うひじにのかみ・すひじにのかみ

四代は　植物の性分を司どる神↓つぬぐいのかみ・いくぐいのかみ

五代は　動物の性分を司どる神↓おうとのじのかみ・おうとのべのかみ

六代は　動植物の形貌を一貫する性分を司どる神↓おもだるのかみ・あやかしこねの神

七代は　国生み、神生みが行われる時に、将来人間が通らねばならぬ善、悪、苦、楽に関する一切の準備が人類発生の前の次元に於て準備せられた。

↓イザナキの神・イザナミの神

ホツマではちょっと違うのでホツマの系図も載せます。

＊《ホツマの系図》

一代・国常立神

二代・クニサツチノ神
三代・トヨクンヌノ神
四代・ウヒジニノ神・スヒジニノ神
五代・オウトノジノ神・オウトノベノ神
六代・オモダルノ神・アヤカシコネノ神
七代・イザナキノ神・イザナミノ神

〈女男《めを》の道を教えた神様、ウキハシを渡す〉

女男《めを》の道を教えた神様なんて聞いた事も無いけど、そんな神様があるのだろうか。そう思われるに違いありません。実際こんな神様があった事など、これまでのどんな書物にも出ていませんでした。然し、本当にそういう神様がいたのです。

和歌山県の熊野三山のうちここでは、速玉大社と那智神社の事に就て書く事にします。熊野三山というのは、家津御子大神《けつみこおおかみ》を祀る神社（今の熊野本宮）と、これから述べる速玉大社（新宮市）と那智神社（勝浦町）の事を指すのは、言う迄もありません。速玉大社の祭神は同神社では熊野速玉大神となっていますが、この速玉大神とはどんな神様なのでしょうか。先ず、ホツマにはどう出ているか見てみましょう。

2紋13pから、

トヨウケの　姫のイサコと
ウキハシを　ハヤタマノヲが　渡しても
解けぬ趣《おもむき》　解き結ぶ　コトサカノヲぞ

トヨウケというのは、第五代タカミムスビノ神の事です。その姫のイサコさんがイサナミノ神なのです。このイサナミノ神が新婚生活を迎えるのに当たって、ハヤタマノヲノ神が新夫イサナキノ神との間の愛情のやり取りの微妙な方法をいろいろ教えたという事なのです。ウキハシという言葉は、漢字では天の浮橋と書かれたりして古事記や日本書紀にも出てはいますが、漢字で書かれた意味だけに囚われるとここでの本当の意味を取り逃がしてしまいます。イサナミノ神はハヤタマノヲノ神に教わった事が恥ずかしくて、いっぺんでは十分に理解する事が出来ませんでした。それを今度は代わってコトサカノヲノ神がもう一度教えたので、やっと呑み込む事が出来たというのです。ウキハシは仲人《なこうど》と解釈できるともあります。

松本善之助氏の本でトヨウケという神様が出られましたので、鳥居礼氏の本のトヨウケを見てみましょう。これはちょっと驚きです（鳥居礼氏の本では豊受をトヨケと言ってます）。

豊受之神といえば伊勢外宮の御祭神です。ところが実は「天津神玉杵尊・あまつかみ、たまきねのみこと」と言われ、五代目「高御産巣日神」でも在《あら》せられ、五十一相の瓊璽（ヲシデ）やフトマニ図を御作りになられたのはこの神様で、姫のイサコとはイザナミノ神というのですから、イザナミノ神の父上という事なのです。そして実際にフトマニを使用したのはイザナギ・イザナミの尊が最初という事です。

豊受大神様《とようけの》が伊勢外宮の御祭神になられたのは、二十一代雄略天皇が夢の中で天照大御神から御饌《みけ》（食事）を司どる神を求められ、食物の神・豊受大神が迎えられたのが外宮の創始であると加唐亜紀氏の本には書かれています。初代の豊受之神様はこの時点では神上がり（天に還られる）されていたのでしょう。

「春日神天児屋根命《かすがかみあまのこやねのみこと》が説かれるには、『昔、豊受大神の勅《みことのり》にこうあった。〝私は転生した過去の世を知っている。初の世は国常立尊となり、後に高天原《たかまのはら》に還《かえ》った。元々明けの御祖神《みをやかみ》の守護を司どる四十八音神を定めた。二世目は五代高御産巣日神となり、百万年の長寿を得た。死して後、魂は天に還り、その魂の緒は地上の人々に注がれた。今、玉杵《たまきね》となり八万年過ごし、欲心なく転生の道である。往来の道も覚え悟る事が出来た。陰陽、夫婦を「伊勢の道」によって和合させ、人心をなし、正直素直なれば再びこの世に還り来たる時にも良き心を持って生まれる。邪心やねじけの心があれば、正しく転生する事は出来ないのである〟』と。……この豊受大神、つまり伊弉那美神の御父さんがフトマニ図を造られたのですね。然も国常立尊、高御産巣日神と、最高級神界のお役を担《にな》われた訳ですね。そこで天照大神がどの様な経緯《いきさつ》でお生まれになるかを見て頂く前に、面白いやり取りがあるので載せてみます。

豊受大神様は最高級とも言えるのですが、転生されて来られた事をそのまま伝えられてます。然しそれは仏教に於ては輪廻するという事は未だ悟りの境地に至らず、転生は脱すべきもので、悟りの境地というのは解脱する事で涅槃に入り成仏するのだ。釈尊と宗《むね》を一にしようとするなら、先ず家族を捨て家も捨てて出家しなければなりません。歴史上の高僧と言われる人々は皆そうして来ました。ところが日本の伝統に於ては、本来的に祖先との繋がりの中で家内安全、子孫繁栄という事が最も重要視される訳です。仏教の資料のうちで最も古い原始仏教経典といわれる阿含《あごん》経《きょう》には、このように書かれています。「在家の暮らしは狭苦しく塵にまみれているが、出家の暮らしは広々と自由である。家に在《あ》っては、全く完全で、全く清浄な、螺鈿《らでん》のように光り輝く浄らかな道を修める事は困難である。さあ、髪と髯《ひげ》を剃《そ》り、黄褐色に染められた衣を着《つ》け、家を出て家なき生活に入ろう」

これとは正反対に「ホツマ」に於ては、子孫繁栄の為の伊勢・鈴明《すずか》の道を全うする事こそが、「天成る道《あめなるみち》」に従った生き方、すなわち、大天界に坐《ま》す神々と宗を、一《いつ》にする生き方なのです。結婚し、子供を産み育て一家をなす事こそが最大かつ清浄なる目的だったのです。仏教では家庭生活を不浄のものとして位置づけるのに対し、日本では家庭生活こそを清浄な場として考えるという根本的な相違があります。この様な相違から転生観の違いが生じる訳です。

さて、原文に、「世に還《かえ》る時　直《す》ぐなれば　また良く生まれ」とあります。この部分は、正しい転生の仕方を述べたものとして大変注目されます。そしてこの「往き来の道」は、「鈴明《すずか》の教え」を土台として成り立っています。

「鈴明の教え」と「伊勢の道」に就ては別項に載せます。もう一つ面白いやり取りをご紹介します。

『春日磨天児屋根命が諸神に「鈴明《すずか》・鈴暗《すずくら》」を説明されている時に、筑波神《つくばかみ》が、「欲心を去るには財産を皆捨てて、良い事が起るのを待っていればよい」と言われました。これに春日神が答えて、「そんなことをすれば、飢え病気となる」と仰ると、又筑波神は、「飢えたなら施《ほどこ》しを受けて回ればよいではないか」と答えられました。春日神曰《いわ》く、「それは誠に汚らわしい事である。施しを受けて回る（仏教でいう托鉢《たくはつ》）などという事は乞食と同様だ。正直、素直でなければ人にはあらず。この世に生を受けながら、人が苦心して得たものをただ乞いして喰らう犬のような仕業こそ、天の罪人である。捨てず集めずの業を悟る事が最も大切なのだ」と答えられ、「鈴明の道」に付随した「捨てず集めず」の教えを教授されたのでした。』

何故この二点を取り上げたのかと言いますと、私自身、信仰者として落第した事を暴露しなければなりません。

善言讃詞には「吾等が日々の施業にも　妙智を賜い真覚を　得さしめ家は富栄え　壽《よわい》は永く無医薬に　善徳行を重ねさせ……」とあるのは仏界に於ける仏教の教えと言うより、神界の教えと言った方が適切のように思います。毎晩の夕拝には善言讃詞を幼い頃からお称《とな》えして来たに拘わらず、この年になって（令和二年・二〇二〇年六月二十四日現在、七十一歳）家は富栄えたかと言えば左にあらず、子孫もなく、唯一求めたものは御神意にお応えすべき成果なのに、それも未だ出せず、これで自分の使命の終りを迎えたとしても、メシヤ様への信仰は揺るぎないもので、御縁を頂けただけで有難い、幸せと思っているのです。只もう少し早くこの「ホツマ」に出会っていればと、ふと思ったのでした。然し仏法を非難するなど思いもよらず、それはそれで神様の御慈悲に因る事が分かり、ヲシデから漢字文化の移入やら、将来に於ける大変な御神業ともなるものですから、唯々感謝に断えない日々ではあるのです。この落第の件をなんとか合格にさせて頂く考えを今練ってるのですが、時間に余裕が出たら書いてみようと思ってます。という事で愈々天照大神様の誕生と、今回の主役の菊理媛様の御登場を願う事になりました。

〈天照大神の御誕生　富士山で祈ったイサナキ、イサナミ〉

読者の皆さんは、天照大神がどこでどのようにしてお生まれになったのか、これまで一度でも聞いたことがあったでしょうか。古事記を見ても、日本書紀を見ても、この事は一言だって教えてくれません。処が、ホツマではその処の事情が詳しく述べられています。父神イサナキノ神と母神イサナミノ神とが、富士山で輝かしい朝日の霊気を受けて母神が身ごもり、そして生まれたのが天照大神だったのでした。

富士山は国民的信仰の山であり、また太陽が国旗として日本民族の表徴になっている事は、当初からの決められた御経綸という事が出来るでしょう。

折しも、天地開闢より数えて、五百二十一本目の鈴木が植え継がれ、三千百二十六万年になった頃、数々の神々が居られる中で、人々の嘆きをや和す事のできる偉大な力を持った神がおいでにならなかったのでした。このままでは、天成道《あめなるみち》も尽きてしまうと嘆かれた豊受大神は、原見山（富士山）に登られて国見をされましたが、人々の数が増し、これでは道を習えないのも道理であると、再び嘆かれ、日高見仙台の宮に帰られるのでした。ちょうどその時、伊邪冉尊が父豊受大神に、「御世嗣のお子が欲しいのでございますが」と申されると、豊受大神は太占（フトマニ）を占われて月桂木《つきかつらぎ》の鳳山《いとり》に世嗣社を立てて、天御祖神に祈る為の禊をされるのでした。八千座《やちくら》の契りの行が成就する頃、天御祖神と感応され、御祖神の両眼より漏れ出づる日月の精霊（ウルナミ）と、八元神《やもとしん》と、天並神《あなみしん》、及び三十二《みそふ》の神々が、子種を守護してくれる事を直感されたのでした。

この頃伊弉諾尊は、原見山（富士山の別称、孕み山）にお登りになり、伊邪冉尊をかえりみて仰しゃるのでした。

「二人して国々を巡り民を治めて来た。またヒルコ姫と言ういい姫も儲けたが、世嗣となる子がいまだなく末の楽しみがない、今度は是非日の神を生みたいものだ」イサナミが夫神に同意したのは勿論です。

男神はこの答えを耳にしてニッコリされ、両神ともに心を込めて日輪を拝みイザナギ・イザナミ両大神は、富士山での嗣子を授かる千日にも及ぶ行を終えてサカオリノ宮（富士山本宮浅間神社と推定されます）に帰りました。そこでお帰りを待ちかねていたのがオホヤマツミでした。

このオホヤマツミという神様の名前の意味は、オホ（大）、ヤ（弥）、マ（真）、ツ（助詞）、ミ

（神）、即ち偉大にして、愈々真《まこと》なる神という称名《たたえな》です。これを古事記には大山津見神、日本書紀には大山祇（つみ）神と表記されています。この「大山」という漢字からすると、同神が山の神という印象を受けるし、実際、両書とも山の神であるように書かれています。然しこれは真実を伝えるものではありません。本当の山の神は「スベヤマツカミ」という神だからです。記紀はこのスベヤマツカミを、イザナギ、イザナミ時代のオホヤマツミとごちゃまぜにしているのです。オホヤマツミを祀るのは、静岡県三島市の旧官幣大社三島大社です。このオホヤマツミノ神が、両大神に清らかなオミキ（お酒）を捧げました。そこで、

4紋8p
池水《いけみず》に◯《うつほ》　タ（左）の目を洗いひ
日霊《ひる》に祈り◯　カ（右）の目を洗ひ
月に祈り……

伊弉諾尊は、原見山の頂の池の水で左目を洗い、日の精霊（ウル）に祈り、右目を洗い月の精霊（ナミ）に祈られました。

古事記では川の河口での禊《みそぎ》で、イザナギノ神が御自分の左右の目と鼻を洗って出て来られた神となってますので少しこんがらがってしまいますが、ホツマは産むというのは男女の結びによるとの考えは一貫した処があるように思います。男は靈・左・日・陽、女は体・右・月・陰という事は御教えが入ってる方には言わずもがな、ですが入れておきました。

折しも、石凝戸女命《いしこりどめのみこと》が真澄鏡《ますみのかがみ》を作り伊弉諾尊に献上したので、君は世嗣をお生みになろうとする一心で、二面の真澄鏡を両手《まて》に持ち、日霊、月霊に準《なぞら》え、神が成り出づるための天巡（アグリ）を得んことを請《こ》い願われたのでした。もうちょっと平たく言えば、神様の降臨を一心に乞い願ったのでした。

このように行を積んでいるある日のこと、日の御魂が身柱《ちりけ》（うなじの下、両肩の中央）の紋所《あやどころ》（つぼ）に入るのを感ぜられたのです。行が千日となる頃は、白脛《しらはぎ》も桜色に染まりました。ある日、伊弉諾尊が女神に月の汚血の事を問われると、后は、「月の汚血の流れも止まり三日となりました。身も清らかなので、君のお越しをお待ち申し上げております」とお答えになると、君も微笑まれて、御一緒に原見山の日の出を拝まれました。すると、奇しくも天から日の輪の霊魂（ちたま）が飛び降り、二神の前に落ち留まったのです。二神は思わずその霊魂を抱かれると、夢心地となってしまいました。目覚めると身も心も潤い、快くなりました。お宮にお帰りになると、伊弉諾尊が笹神酒《ささみき》を伊邪冉尊にお勧めになりました。君が、「床神酒の事を知っておるか」と后にお尋ねになると、后は事坂之男命《ことさかのおのみこと》に嫁ぎの道を聞いたので存じております。床神酒とは先ず女が飲んで後、男に勧めます。床入りした時は女は事挙《あ》げせず、男の様子を見計らい交わるのです。舌の露を吸い合えば互いに心も打ち解けて、卵管《らんかん》（たまましまかわ）の内宮《うちみや》（子宮）に子種が宿るという嫁ぎ法《とつのり》と、事を整える床神酒は、子孫繁栄そして国の泰平へと続く、国生みの道の教えで御座います」とお答えになり、その通りに交わると、めでたく伊邪冉尊は御懐妊されたのでした。

＊ここは大事な所なのでちょっと追加します。「ちりけ」の下、男神に体の調子を聞かれた女神は答えます。

4紋10p
月の汚血《をけ》　流れ留まり　三日の後　身も清ければ　日待ちすと

即ち、「月のものも終わり三日経ちました。身は大変きれいでございます。お日が入るのをお待ちしております」という事でしょう。古来、女体の月経は汚血として考えられたので、巫女はその時だけはお勤めから退《の》けられたのでした。それにしても、月経の済んだのちに受胎可能の期間が来るという事を、この頃に分かっていたとは驚くべき事です。

7紋31p
女《め》は月経《つきしほ》の　後三日に　清き朝日を　拝み受け
よき子生むなり　誤まりて　汚るる時に　胎《はら》む子は　必ず荒るる
魂乱れ　国の隈《くま》なす　過《あやま》ちぞ　必ずこれを　な忘れそこれ

天照らす　大《おほ》ん御神《みかみ》は
ほのぼのと　昇《のぼ》る初日《はつひ》と
ともに生《あ》れます

御懐妊されてから十ヶ月が経っても、まだ子供が生まれませんでした。一年経っても生まれないので、二神は病気ではないかと大層御心を痛めておいでになると、九十六ヶ月目（八年）にしてやっとお生まれになったのでした。一月一日（元旦）の仄々《ほのぼの》とした初日の出と共の御出産でした。この男子こそ後の天照大神です。然し生まれ出たのは、何と不思議な事に丸い胞衣《えな》の卵でした。折しも大雪が降り、五穀豊穣の瑞兆であると諸神が祝い、大山祇命《おおやまずみのみこと》が、

宜《む》べなるや　雪のよろしも　御世嗣も　世々の幸ひ開けりと　大終夜《おおよすがら》に　言寿《ことほ》ぐも

と、祝歌《ほぎうた》を三度歌われ祝われたのでした。

神々が、卵の形をして生まれて来た事を豊受大神《とよけのかみ》に問われると、豊受大神は、「それは、先の私の八千座《やちくら》の禊《みそぎ》と、伊弉諾尊の禊が天に感応して、八元神《やもとのかみ》、天並神《あなみのかみ》、三十二《みそふ》の神々の守護が降り、朝敵イソラより御身を守る為の胞衣《ゑな》である。このヲノコロの胞衣の囲みは幸いの印である。胞衣の岩戸を開けよ」

と、櫟《いちい》の木の笏《しゃく》を以て胞衣を裂かれました。すると、眩《まばゆ》いばかりの若日《わかひ》（元旦の日の出）のような輝きと共に、皇子《みこ》がお産まれになりました。叔母の白山姫は産湯をつかわせ、赤彦命《あかひこのみこと》は絹糸を紡《つむ》ぎ、夏目命がそれを織って産衣の御衣《みは》を奉りました。伊邪冉尊は長い間の疲れから乳の出が

細かったので、御乳津姫《みちつひめ》が乳を奉り御養育しました。

然し、皇子はいつまでも瞳を閉ざされたままでした。漸く初秋となった頃、目を開かれ、そのかわいい潮の目に、万民諸共《もろとも》に日の御子の御誕生を柏手を打って喜んだのでした。国を挙げての喜びように、伊邪冉尊は御出産の疲れもすっかり消え、天の恵みを感じられるばかりでした。

その時、天に棚引《たなび》く白雲が富士山の八つの峰にかかると、あたりにあられが降りました。この瑞兆を、布を以て白き八豊幡に表わし、御即位の時に御座《みくら》の八遇に建てたのでした。また、先の櫟（いちい、くぬぎ）の笏《しゃく》【注】聖徳太子が持たれている木の板）を、これより天運を開く笏として、神の穂末《ほずゑ》の諸臣《もろとみ》が持つようになりました。

〈白山姫御登場〉

今日は西暦二〇二〇（令和二）年六月二十八日です。二〇〇九（平成二十一）年八月六日早朝に霊界通信を頂いてから、十一年が過ぎました。菊理姫の事を書くようにとの御指示が来たのが令和元年の四月頃と思いますが、やっと何とか書かせて頂けるかなという処までは来ましたが、兎に角深奥の神々の御経綸の様子をお伝え頂いた事に見合う処迄、白山比咩の神髄にまで迫れるか不安ですが腹をくくって書かせて頂きます。何せ「くくり姫様」ですから……。宜敷くお願い申し上げます。

叔母白山姫は、扶桑根国《こゑねのくに》の御衣《みは》を織り捧げた時、皇子の鳴き声からお言葉を聞き取ったのでした。皇子は、「あな嬉し」と申されました。他の付き人にはただ泣いているとしか聞こえないのに白山姫には言葉として、ちゃんと聞き取れたのです。この事が諸神の評判になり、難題が出されました。「普通なら、この世嗣の神にそろそろイミナ（斎名）を奉る頃です。然し臣下からイミナを奉らなくても、或いは自ら名前を用意しておられるかも知れません。それを御子の御口元から聞き取って頂く訳には参りませんでしょうか」。この注文には、白山姫もちょっと困りました。先の「あな嬉し」という言葉は、確かにそう聞こえたのですが、そうかといって、イミナまでも聴けるかどうか、そんな前例もないし、全く自信がなかったからです。

でも、思い切って白山姫はこの難題にぶつかってみようと決心しました。御殿に上って、白山姫は恭《うやうや》しくこの事を赤子の大神に申し上げると、ほどなく「ウヒルギ」と、お答えになるではありませんか。「ウヒルギ」とは何の事なのか、白山姫もよく理解できませんでしたが、よくよく考えて見ると、次のような事だと分かったのです。

4紋19p

御子の声　聴き切る時は　幼名《おさなな》の　「ウ」は大いなり
「ヒ」は日の輪　「ル」は日の霊魂《ちたま》　「ギ」はキネぞ
かれウヒルギの　ミコトなり　キネは夫婦《めをと》の　男の君ぞ

かくて、「ウヒルギ」というのは「大いなる日の霊魂の込められた男性」という事になります。
この事を聞かれたイサナキ、イサナミ大神は非常に喜び、白山姫に感謝して「キクキリ姫」という名を贈ったのでした。この「キクキリ姫」という名の謂《いわ》れは、先に述べ得た「聴き切る時は」の事である事は既にご存知でしょう。即ちまだ赤児の天照大神の言葉を間違いなくすっかり聞き取った功績を讃えた名だったのです。それが日本書紀の時代になると、「キク（キ）リ姫」の「（キ）」が脱落して「菊理姫」というように表現されてしまったのでした。

少しダブりますが、最後の重要な部分の原文を見てみましょう。

4紋19ｐ
名を請《こ》ひて　叔母より問えば　「ウヒルキ」と　自ら答ふ　皇子の声
聴き切る時は　幼名《おさなな》の「ウ」は大いなり　「ヒ」は日の輪
「ル」は日の霊魂《ちたま》　「キ」は杵ぞ　故《かれ》「ウヒルキ」の
尊なり　杵《きね》は女男《めおと》の　男の君ぞ

28紋5ｐ
天御祖《あめみおや》　日の輪の御霊　分け降し　天照大神を　産み賜ふ

14紋16ｐ
我昔　日の輪に有りて　照らせども　人身を受けず　導かず　二神ために
両親《たらちね》と　成りて招けば　人の身と　成りて孕《はら》めば
長居して　九十六月《こそむ》まで苦しむる

と書かれていて、天照大神御自身の霊魂が、誕生前は日の輪にあった事を自覚されている訳です。二神が親となって、日の輪の霊魂を招いてくれたとあります。しかし九十六ヶ月もの間、腹の中に居て親を苦しめた事を後悔され、

14紋17p

我が身は君と　成るとても　親の恵みを　返さんと　伏して思えば

子を授く　道は恵を　返すなり

と述べられています。子孫繁栄の子を授ける道を諸民《もろたみ》に教え広め国の泰平を招来する行いを以て、親への恩返しとされた事が書かれています。

さて、天照大神は二十一鈴、百二十五枝（ももふそゐゑだ）の歳キシヱの日に「初日ほのぼの出づる時」に生まれました。鈴とは鈴木の事で、真榊《まさかき》（神主さんがお祓いなどで使う木）の事で、一鈴は六万年で枯れて植え継ぐとされていますから、二十一鈴は（二十一×六万）で百二十六万年、即ち国常立神から数えて百二十六万年経っていた事になります。枝というのはどういう数え方なのか良く分かりませんがキシヱというのは日本独特の古代暦で、中国の干支に当て嵌めると甲午《きのえうま》の年となるとの事です。

天照大神は十六歳まで伊弉那岐、伊弉那美両大神と共に富士山麓のサカオリノ宮に居られましたが、その後はヒタカミノ国の五代タカミムスビのもと（今の仙台市付近）にアマナリ（天成）の道を学ぶために出立します。

五代タカミムスビ（豊受大神・イザナミ、イサコさんの父）は、「ヒノワカミヤノワカヒト」

という名を奉りました。ワカヒトとは、光が溢れるようなお方という訳で、如何にも天照大神にふさわしい名前です。

〈白山姫は天照大神の叔母にあたる・白山姫の夫はカンミムスビの神〉

ここで問題となるのは六代目のオモダルノ神とアヤカシコネノ神との間に嗣子が生まれなかったというのです。それをどういうふうに解決したのかが非常に難しいのです。ホツマ原文はさらりと書いてますので、解説を読むとちょっとあっけに取られてしまいます。

7紋9p

大御神　諸《もろ》と議《はか》りて　ヤソキネを　ネノ国神と　イナサキの産屋《うぶや》に伯父《おじ》と伯母《おば》なれば

祭り絶《た》えずとミコトノリ　もちて民治《たみた》す　伯父と伯母　シラヤマ神ぞ

解説は、

この中の「ヤソキネ」というのは、五代タカミムスビノ神（豊受大神）の嗣子《しし》の事ですから、当然六代タカミムスビノ神という事になります。そしてこの神をカンミムスビの神といいます（何故六代目のタカミムスビがカンミムスビになるかは書かれていません）。また五代タカミムスビノ神は豊受大神ですから、その嗣子フリマロはイサナミノ尊と兄弟の間柄になります。

それとその子フリマロは天照大神と同年輩で、五代タカミムスビノ神からアマナリ（天成）の道を学んだ学友です。

　このヤソキネ神を、天照大神がコヱネノ国神にされたというのです。このコヱネノ国神の「ネノ国」とあるのは「コヱ」が略されたものです。今でいう石川・富山・福井の三県に当ります。

　そして天照大神が、ヤソキネ神（豊受大神の子）を、ネノ国神とした第一の理由は、父神イサナキノ神の誕生の時、伯父のヤソキネ神が伯母神と一緒に産屋一切の世話をされたからだったのでした。かくて天照大神はこの伯父と伯母の両神にシラヤマ神という称号を授けられたというのです。この伯母神こそまさに白山姫その方に間違いないと思われます。即ちカンミムスビノ神と白山姫とは夫妻であったという事になります。また、白山姫の父はアワナギノ神だったと思われます（ここの部分では神代七代の五代目に傍系になるのですがアメヨロズノ神を系図に加え、生まれたアワナギノ神をその嗣子とされているのです）。勿論アメヨロズノ神もアワナギノ神も男系として系図に加えているのです。そしてアワナギノ神の嗣子がイザナキノ尊となっているのです。兎にも角にも白山姫という方は面倒見の良い伯母様であった事は紛れもない事実である事は十分理解できます。

　赤ん坊の声を聴き取ったり、会話する能力があったり、産湯に漬ける手際の良さ、産衣の準備といい、何をやっても天下一品そつがなかったのでしょう。そればかりか伊邪那美の神様が亡くなられて、伊邪那岐神が黄泉の国へ行くのを諫止《かんし》（いさめてとめる）されたり、三人の尊い皇子が生まれる事を告げてイザナギ、イザナミの仲を取り持ったりされるのは、先を見透かす能力も御有りになったのでしょう。白山姫はイザナギノ神様と姉弟か兄妹の関係にあったとすればなおの事気がかりで在られたのでしょう。心優しい姫様と言う事が出来るでしょう。ホツマやネットでは、これ位しか分からない神様ですが、その神様が十一年前にお出になられた事はそれなりの重大な意味があったという事なのでしょう。それを追及する前に、以下も一応知っておく必要がありますので載せます。

〈「伊勢の道」〉

日本古代思想の基軸とも言える「伊勢の道」を探っていく事にしましょう。
『ホツマ』13紋4pに「若彦伊勢・鈴明《すずか》の紋」があります。日高見地方の多賀に諸神が集まった時に、春日若彦命《かすがわかひこのみこと》（天児屋根命）が、天照大神の説かれた「伊勢の道」を皆に講じられたのでした。

13紋4p
イモヲセは　八《や》百《も》万氏《よろうじ》の　分ち無く　皆天地の
法備《のりそな》ふ　君は天照る　国の照り　民も月日ぞ
陰《め》に炎《ほ》有り　火摩《ひす》り火打ちは　月の火ぞ　陽（ヲ）に水有りて　燃ゆる炎《ほ》ぞ　中の暗きは　炎《ほ》
の水よ

＊「イセ」とは「イモヲセ」の略と言われても「どうしてそうなるの」とは、はっきり言って分

かりません。成程と思われる解説も出てません。ただ、「男女というものは、誰という区別なく、みな天地の法則、原理をその中に備えている。という解説があって、男先女後、は天体の法則である日先月後、ひいては天先地後の考え方に基づいた、天の循環と一体になる為の法則なのです」という事を当てはめれば頷けない事も無いのですが、

「イ↓イモ↓妹↓月↓ミ↓イザナミ」＝女

「セ↓ヲ背↓男↓日↓キ↓イザナキ」＝男

結局伊勢とは天照大神（君）の坐《ま》す処であり、「伊勢の道」とは「男女の道」で「夫婦和合」して「子孫繁栄をする道」であり、大天界に坐《ま》す神々と宗を一にする事が直ぐなる心で、世に還る時直《すぐ》なればまた良く生まれ出るのである……という事になると思うのです。「いせ」と言えば「伊勢」に繋がるのですが、「男女の道」という事でもあり、「子孫繁栄の道」であり、それが「天成道《あめなるみち》」に叶い、伊勢神宮の天照大神に繋がると解釈できるという結論を付けたのですが、如何なものでしょうか。

「伊勢の道」というものの本質が、夫婦和合、子孫繁栄にある事が書かれています。そしてイモ・ヲセが睦み合う事により、霊的な関連性を持つ他の事象も全て調和する事が、先の関係図（略）から想像できるのです。人間は大宇宙の影響下にある小さな存在ですが、逆に、人間の働きかけが宇宙に影響を与えるという事も、十分考えられます。イモ・ヲセの調和が、天地の調和へと繋がると考えられるのです。逆に男女の不和は、天地の不和へと繋がると考えられます。極

論すれば、これら『ホツマ』の考察から、天地調和の為に人類がなすべき窮極的な行為が夫婦和合であるのであり、それがひいては将来の人類の繁栄、即ち子孫繁栄へとつながる唯一の方法であるとも言えるのではないでしょうか。日本における「伊勢の道」は、中国陰陽五行説に見るような、相克性（相容れないものが互いに勝とうと争う事）ではなく、和合を、最大にして唯一の目的とするのです。遥か上代のウヒヂニ・スヒヂニの尊の婚礼、イザナギ・イザナミの尊の御柱巡り等にも求められなければなりません。両者とも夫婦和合し、子孫繁栄の道を確実なものとする事によって、国の政治を整えるという考え方をもとにしていたのです。

〈「鈴明《すずか》の道」とヱビス・大黒〉

「伊勢の道」、「鈴鹿の道」の二つの教えを以て一組とされるのです。

13紋16pに、

「奇彦命《くしひこのみこと》が　諌《いさ》めの鈴明　今説けり」とあります。「奇彦命」は大己貴命《おおなむちのみこと》（大国主命）の子の、事代主命《ことしろぬしのみこと》（ヱビス様）の事。

「諌めの鈴明」とは、時の天君「天忍穂耳尊《あめのおしほみみのみこと》」の坐《ま》す日高見仙台の多賀宮に比肩するような大宮を出雲に建てた事を糺《ただす》（取り調べる）勅使が、父、大己貴命のもとへ来ます。そこで大己貴命は、子供の奇彦命に相談を求めます。その時に事代主の奇彦命が説かれたのが、「鈴明の教え」で、諌めの鈴明という訳です。

奇彦命は「鈴明の教え」を以て、父大己貴命を説得し、父大己貴命は種や糧を以て民を飢えさせる事なく養われた訳です。この親子の業績を表したのが、ヱビス、大黒様なのです。後世、商売繁盛の神として信仰されているのはおかしな事で、本来は、財産が豊かに成ったら貧しい人に分け与え、慎みを以て細く長く生きる事を教え諭す親子の神であるという事が出来るのです。

「伊勢の道」、即ちイモ・ヲセの道は、夫婦和合し子孫繁栄を願う事ですが、その為には戒めがなければなりません。ただ悪がしこく鋭い能力だけが発達したハタレ魔が財を一時《いちどき》に集め、その結果それを羨む者たちが怨念を発し子種を噛《か》みます。或いは、獣の肉を食している者は同気が寄せ、死後獣と転生し子孫を守護出来なくなってしまうのです。この様に子孫繁栄を妨げる行いを鈴暗《すずくら》といい、一生の間無駄な欲心から遠ざかる事を鈴明《すずか》と言うのです。従って、「鈴明の道」とは、「伊勢の道」を成就する為の戒めの教えという事が出来ます。

〈天照大神様の神上がり〉

天照大神様には大蛇《おろち》に取り憑かれた二姫を入れて十二人の皇后が居られました。瀬織津姫《せおりつひめ》の備えの典侍「瓜生姫《うりふ》」を入れると十三人。

＊参考までに、瀬織津姫は、四柱の祓い戸の大神の筆頭で「諸々の禍事・罪・穢れを川から海へ流す」お働きを持つ。別名向津姫《むかつひめ》。

天照大神様を太陽に配し、十二后を月に配し、十二ヶ月とし、閏月《うるふつき》に瓜生姫を備《そな》えられたのだろうか。面白い事に白山姫の御神文は、「三子持亀甲瓜花」（みつこもち、きっこう、うりのはな）でピンチヒッターに白山姫が出られたのかも知れませんね。

中宮は「向津姫」、正確には日の神である天照大神に向かうという意味で「日の前向津姫」となっています。本来は、瀬織津姫で、四柱の祓戸大神《はらいどのおおかみ》の御一方で在らせられる。皇子には、正勝《まさかつ》吾勝勝速日天忍穂耳尊《あかつかちはやびあめのおしほみみのみこと》が居られ、お名前を見る限り、飛んでもないお力を有する神様と思われますが、ホツマによれば、お体が弱かったらしく、次男の邇邇芸命《ににぎのみこと》を葦原中国《あしはらのなかつくに》に降されるのです。この国譲りに於て、大国主尊の大神殿の構想は鈴明の事代主の戒めの進言によってなくなるのですが、同時に何を思われたのか、天忍穂耳尊は幽居されるのです。

原文13紋28ｐ
この道を　学ぶ所は　神風《かんかぜ》の　伊勢の国なり
千々姫《ちちひめ》も　後には伊勢の　大御神《ををかみ》に仕ゑ鈴明の
道を得て　伊勢と淡海《あわぢ》の　中の洞《ほら》　鈴明の神と
箱根神　向ふイモヲセ　欲を去る　鈴明の教ゑ　大いなるかな
24紋49ｐ
遂に掘る　伊豆の雄走《をばしり》　洞穴《どうけつ》に
自ら入りて　箱根神
とあり、天忍穂耳尊と后の千々姫《ちちひめ》とは死後もイモヲセの契《ちぎ》りも堅く、日月が相対するように、箱根と鈴明の地に向かい合ってお隠れになられたのでした。

箱根神《はこねかみ》　三年祭りて　天之忍穂耳尊を箱根神として。

何かありそうなのですが天忍穂耳尊に関してはこれ以上載ってないのです。

その箱根神とはメシヤ様の事で、メシヤ様が将来、正勝吾勝勝速日天忍穂耳尊となられて桃太郎としての役回りを顕現される為に御出世されるにはまだ早いというので次男の邇邇芸命を立てたとしたら理屈に合うように思えるのです。ホツマの時代に既に天忍穂耳尊は箱根神で在られ、二十世紀に至りメシヤ教を創り箱根と熱海をその本拠地とされる事も決定事項であったという事なのです。話は少しぶれるかも知れませんが、何せ、箱根と熱海に美術館を造られ、僅か三年で国宝級の美術品が所狭しと並ぶなど考えられない事がいとも簡単になされるのですから将に神業で、人間の為し得る業ではありません。最低でも五十年はかかるというのが専門家の見立てです。桃太郎は鬼退治で鬼の宝を取り戻すのですが、美術品の収集は製作者の霊が手柄を立てて救ってもらおうと運び込むのだから、早く集まるのは結構だが、金策は仲々骨が折れたと本音も出されてます。然し本命はもっとスケールが大きな鬼退治が行われ宝を取り戻すのですから、これからが見ものです。ホツマの時代から決められた事ですからメシヤ様のお伴をさせて頂く光栄に浴したいと思うばかりです。

天照大神は十二后が皆身罷《みまか》り、向津姫と二人だけとなられて、伊雑宮《いざわのみや》に居られたのを、御裳裾《みもすそ》川辺に宮を移されたのでした。

ウヒヂニ尊・スヒヂニ尊時代に六万年の寿命を有つと言われる「鈴木」が五百本目になった時、これを讃えて「五百継《いもつぎ》、天《あめ》の真栄木《まさかき》）」と名付けたのでした。天照大神時代はそれから数えて四十九本目が折鈴《おりすず》（枯れる）となり、鈴木を植え替えなければならないのですが、五十本目が自然と生えて来たのです。天照大神は宮を移そうとお思いになり、適切な場所を求められているうちに御裳裾《みもすそ》川に至って、天に還《かえ》る道を悟られたのでした。そしてここにお宮を建てられ「精奇城《さごくしろ》、宇治《うじ》の宮《みや》」と名付けられて二万年お過ごしになられたのでした。

「その時に今まで植え継いでいた五百五十本目の鈴木が庭に生えたのです。天照大神はつくづくお考えになり、『植え継もしないのに自然に生えて来るのも天の啓示であろう。わが命の終りを御祖神《みおやがみ》が御教えになっているのであろう』と八百万《やおよろず》の神々をお召しになり、『私はもうすぐこの世を去り、天に還るであろう』と仰って、猿田彦神に御幽隠の為の穴を掘らしたのでした」

ここで少し気になったのは、この件《くだり》は『文明の創造』ｐ３２６の「観世音菩薩」の項にこう出ています。

『観世音に就ての因縁を、色々な面から説いて来たが、そうなられる迄の根本と言えば全く素尊の暴圧が原因であった事は、既に述べた通りである。処が伊都能売神去り給いし後の日本はどうなったかといふと、その弟神であったのが、かの天照天皇であって、此の天皇は惜しくも、何の理由もなく俄かに崩御され給ふたので、止むなく其の皇后を立てて、御位に即《つか》せられたのが彼の女性である天照天皇であった』

という事は、天照大御神は天照天皇の皇后で在られた「瀬織津姫」という事になります。そしてこのお二人の長男が天忍穂耳尊なのですが、何故かホツマでは、天照天皇と同じく何を思われたのか、天忍穂耳尊は箱根に幽居されるのです。本来ならば地上に下って世を平定せよとの要請をお断りして次男の邇邇芸命が生まれたので次男を推挙するのでした。私としては御尤ものような気がするのです。

そして、「御裳裾川」を「五十鈴川」と名付けられたのでした。「鈴明の道」「鈴明の教え」とは、鈴木を元にした考え方です。恐らく「五十鈴川」とは自然に生えた五十本目の鈴木を意味しているのでしょう。

鈴木は古代における暦として使用されていた木である事が「ホツマ」に記されています。この木は急には伸びず、一年に一穂ずつ伸び、少しずつ伸び、少しずつ成長して六万年もの長寿を保つ木と書かれています。そして鈴木のように細く長く生きる事を、「鈴木が明ける」を略し「鈴明」というのです。それに対し、太く短く物欲に溺れて生きる事を、鈴木が暗くなる事を略し、「鈴暗」というのです。という訳で天照大神が神上がる時の遺典《のこしのり》（世に遺した規範）をもう一度見てみましょう。

天照大神が仰るには、「常に人々の声を聴く八皇子神の神力と繋がる八咫の冠は、衣臣《はとみ》や裳裾《もすそ》の民の心中に、その冠の緒の紐を届けて、天と地と君臣民を結んで、天の日の輪に続く神力を恵み降ろす。その裳裾の意をくめと、君臣民の教えを遺して、私は今もとの天に還るのだ。だが嘆いてはいけない。わが心魂は、常に天の裳裾である民の上にあるのだ。私は冠《かんむり》として、助け恵むであろう。人草は、私の耳に近き八皇子神の八咫の冠の緒紐である。心が清浄であれば、たとえその身に垢が付こうとも、その土地土地の使令《さし》神、産土《うぶすな》神が見て、天神に告げる。すると、八皇子神が八つの世界の嘆きを聴いて分け降り、『ただ祈るべし』と、裳裾の民を撫で育て、諸災を退ける。サヲシカ八神は、清浄心にのみ宿るものであると、胸に応えて感ずるところである」と。

衣臣《はとみ》裳民《もたみ》というのは、天照大神のお召しになっている裳衣《もは》に連なっている臣、民という事です。大事な事は清浄な心にのみ神力が及ぶという事がはっきりと記されている事です。

斯くして神上がられた後も天照大神様は天の精奇城宮《さごくしろのみや》の八咫鏡の中心に坐《ま》して居られるという事なのです。

これ程に、民を思う心に対し、神様を忘れ何のお報いもして来なかった自分を恥じ入るだけです。これからは、お詫びと償《つぐない》のお働きを存分にやらせて頂きたいとお願い申し上げる次第であります。

〈熊野信仰の源泉はイサナミノ神〉

仏教以前に国有の信仰

昔は京都から往復二十七日間、山河八十余国の困難な旅を続けて〝熊野詣で〟が行われました。これを〝蟻の熊野詣で〟というのは、険しい山の峰から峰へと狭い道を、旅人が後から後へと繋がって行く姿が丁度蟻の行列のように見えたからでしょう。この困苦に満ちた旅路を、後白河上皇は三十四回、後鳥羽上皇は二十八回も往復したのです。そのうえ、花山法皇に至っては、陰陽《おんよう》道《どう》の達人安倍晴明を伴い、文覚《もんかく》上人の荒行で有名な熊野那智の大滝で千日の〝お滝籠《ごも》り〟までしたというものすごさです。

それにしてもこの超弩級のエネルギーは何処から出て来たのでしょうか。又そんなにまでして人々を熊野へ駆り立てた理由は何だったのでしょうか。何故熊野がこれほど熱烈な求道的支持を受けたのでしょうか。

貴族だけでなく、庶民に及び〝伊勢に七度熊野に三度〟といわれ、全国津々浦々からの〝熊野詣で〟は引きも切らず、各地に勧請された熊野社の数は、天照大神を祀る神明社に迫る勢いを示しているのです。改めて、熊野が何故このように強烈な信仰の対象たり得たのか、その訳がどうしても知りたくなるというものです。熊野に、日本で最も早い時期に仏教のお寺が出来たのは本当の事です。殊《こと》に密教の信仰が厚く濃く浸透していたのを否定できません。然し、この仏教信仰が人々を〝蟻の熊野詣で〟に駆り立てる源泉だったと言えるでしょうか。

　無論、この事が強い因縁をなしていない筈はなく、私もその事を十分認めます。しかし果たしてそれだけだと言い切ってしまっていいものかどうか、私には疑問に思えるのです。

　この問題についての私の結論を前もって言わせてもらいましょう。それは熊野には、古代日本の固有の信仰が息づいていたという事。そして、この豊饒な宗教的土壌を地盤として外来仏教が花開いたのであるという事に注目する必要があると思うのです。そしてそのような母体そのものが人々を〝熊野詣で〟に駆り立てた力の源泉だったと言いたいのです。だから、今私達が最も関心を寄せるべきは、仏教以前の熊野信仰とは一体何だったのかという事になる訳です。その様な見方をはっきりと教えてくれるのがホツマツタヱなのです。

出雲より熊野の方が古い

　熊野のその様な古代信仰に就て、古事記と日本書紀はどう書いているのでしょうか。ホツマに入る前に、見ておく必要があります。

　しかし残念な事に、古事記は、神代の熊野に就て一言も語ってはいません。それればかりか、熊野の地位を出雲にすり変えるという乱暴を敢《あ》えてしているのです。それはイサナミノ神が黄泉国《よもつ》へ引き返された場所を、本当は熊野の有馬村なのに、出雲の伊賦夜坂《いふやさか》とした処に端的に示されているると言えましょう。

このように、古事記が熊野を軽んじ、出雲を重んじるように書いたものですから、後世の人に熊野より出雲の方が古いという印象を与えてしまいました。この事が元となって学者の内には大和民族に反抗する〝出雲民族〟なるものを想定し、その民族が紀伊に渡って来たなどと飛躍し、このような考え方が今の通説となっているのだからたまりません。

でもこれは全く逆であって、紀伊から出雲へというのが真実の古伝なのです。

その理由は、ソサノウノ命が（スサノヲではありません）、後述のように、紀伊で生まれた事をあげれば足りるでしょう。学者はあまり注意していませんが、千年前に造られた延喜式の神名帖の中にある在田郡《ありたぐん》（現在の有田市）の名神大社須佐神社の祭神はソサノヲノ命なのです。

古事記が駄目だという事は、たびたび書いていますが、同書は富士山の事を書かなかったり、大事な大嘗会《おおなめえ》の事を神嘗会《かんなめえ》と混同してしまったりしている上に、ここでも重大な誤りをさらけ出しています。

それでは日本書紀の方はと言うと、これも古事記と五十歩百歩で、熊野の大事な古代の真実について書いてはいないのです。

ただ僅かにイサナミ大神崩御の地とし、神代巻上に一書に曰くという参考程度の記事の中に、「葬於紀伊国熊野之有馬村焉」（紀伊国の熊野の有馬村に葬《ほうむ》りまつる）と、お義理に載せているだけなのです。

古事記や日本書紀がこの様に、熊野に就てごくわずかしか書いていないのは、その材料とした資料に、熊野の記事が十分に記されていなかったからだと想像されます。

このように貧弱な内容の古事記、日本書紀を補足すべく登場したのが『熊野権現垂迹縁起』、『熊野三巻書』の両書でした。これらは中世以降の社僧にとって金科玉条の書物となったのは確かです。しかし、両書とも仏が神に化身したという様な思想によって書かれたものですから、信用のおけないという点では古事記や日本書紀と似たり寄ったりなのです。

然し、古事記、日本書紀にせよ、右の仏教の二書にせよ、火のない所に煙の立つ筈はなく、問題はどの部分が火で、どの部分が煙かの判定如何にかかる訳で、その基準となるべき尺度に恵まれなかったのが不幸だったと言えるでしょう。その尺度が今やっと現われたのです。それがホツマで、ここには熊野について豊富に記述されているのです。

身代わりの心

まず熊野という地名の意味は何なのでしょうか。更に本宮と言われる延喜式内の熊野に坐《ま》す神社の主神、家津御子大神《けつみこおおかみ》とは古事記や日本書紀にいっこうに出て来ないのですが、この変わった名前の神はどういう方なのでしょうか。この神は社伝では素盞鳴尊《すさのうのみこと》とされていますが何故そうなるのか、そしてそれははたして正しいのでしょうか。今日迄満足のいく解答は何人によっても与えられなかったのですが、ホツマはこれらについて明確に答えているのです。次の原文を見て下さい。

3紋11p　ソサ国に生《う》む

ソサノヲは　常に雄叫《おたけび》　泣きいさち　国民くじく

イサナミは　世のクマなすも　わが汚穢《おえ》と

民の汚穢クマ　身に受けて　守らん為の　クマノ宮

言葉は簡単ですが、この中に先の疑問を解くカギがあります。

まず、ソサ国とは紀伊の古名で、そこに生まれたからソサノヲであったのでした。この命の性質が粗暴だったから、スサブという言葉をとってスサノヲと名付けられたなどとした古事記や日本書紀の命名は、全く浅はかだったのです。然しこの名が付けられたのは古事記や日本書紀の段階ではなくもっと前の原資料の時に既にそのように書かれていたと考えた方がいいかと思います。

そのソサノヲノ命が常に怒鳴ったり、泣き騒いだりして、国民を困らせていました。イサナミノ神は、「世のクマなす」即ち世の禍《わざわい》となるソサノウノ命のこの様な振る舞いは、自分の責任だと心を痛めたのです。そこで国民が受けている世の中の禍を全部一身に受けて、国民を守るためのクマノ宮を建てたのでした。

元来、〝贖罪〟という考え方は、イエス・キリストの十字架に表徴されるように、キリスト教の誇る一大特色であって、古代日本民族にはこの考え方はなかったと誰もが思ってきました。数年前ある学術雑誌を見ると三人の高名な学者がこの事をこもごも語っていました。そこでは三人が三人とも古代日本に〝瀆罪〟の思想はなかったと確認し合っているのです。しかしそこでの学者達の論議は、古事記や日本書紀と言う葦の髄から神代を覗いた限りの話なのであって、本当の日本古代精神はそうではなかったのです。

〝熊野〟とは漢字で当てた動物の熊とは全く関係なく、汚穢《おえ》クマのクマで、カゲリとか欠点とかいう日本純粋古語と理解すべきなのです。そして「家津御子大神《けつみこのおおかみ》」の、家《け》とは（汚気）の「汚」を略したものを漢字の家に当て、津とは上下を結ぶ助詞のツでホツマのツと同じです。即ち〝汚気から生まれた子〟という意であって、ソサノウノ命を指すのです。そしてイサナミノ神が〝瀆罪〟の精神から、

「民の汚穢《おえ》クマ　身に受けて　守らん為の　クマノ宮」

と、この社《やしろ》を建てたというように理解されます。これを仏教的に言えばイサナミノ神の心は大乗精神の権化であると言えましょう。現にイサナミノ神に対して〝千手観音〟を当てたのは頷ける気がします。観音様やお地蔵様への信仰は現代にも力強く庶民の心に生きています。然し、その信仰心のもっと奥には、日本民族の祖先の女神イサナミノ神の存在があったのです。

はじめに〝蟻の熊野詣で〟が仏教のみによって動かされたものではないと書いたのも、このような尊い伝統を古代日本が潜《ひそ》ませていた事を言いたかったからなのです。

死者を追うなの戒《いまし》め

さて、少し話題を変えて、イサナミノ命が亡くなる前に起こった出来事に移りましょう。その事をホツマの原文では「ミクマのミヤマギヤクを除かんと」と書かれているのです。この「ミクマのミヤマギヤク」というのがどういう事なのか今の私にはまだ分からないので困るのですが、ともかくイサナミノ命が「ミクマのミヤマギヤク」という何か悪い事を浄化されようとなさった時に、火を司どるカグツチノ神の手助けを借りたのでした。ところが、どうしたわけか、その火によってイサナミノ神自身が焼かれてしまい、亡くなったのでした。

この辺の事情も、もう少し詳しく書かれていると、後世の我々としては大いに助かるのですが、何しろホツマは五七調の簡潔な歌の表現をとっているので我々の理解がどうも今一歩届かなくてもどかしいのです。

然し、このホツマが作られた時点では、読ませる側も読む側もお話の内容はよく知られた出来事だったのだと思います。つまり、両方とも十分熟知した物語を共有するという基盤に立っていたからこのように略した表現でもお互いに通じたのでしょう。この文章が書かれてから千数百年、或いは二千年以上もはるかに隔たってしまった今日、その理解の基盤そのものが消失してしまい、難解な文章になってしまったのは何とも残念な事です。

イサナミノ神はアリマに手厚く葬られました。アリマとは今の熊野市有馬町の事で、ここの花の窟《くつ》神社がそれです。イザナミノ神の近親のココリ姫（白山姫の事）は春の花の季節と秋の穂の出る時の二回、大いにお祀りするように、残された神々に告げました。その時、悲しみに打ちひしがれた夫君イサナキノ神はココリ姫に、次のように言います。

「私はぜひ追って行って、その姿を一目見たい」

ココリ姫は、イサナキノ神の心情を心からいとおしく思いましたが、「いや、決して行ってはなりません」と、強く止めるのでした。

しかし、イサナキノ神は、ココリ姫の忠告に逆らって、ヨミの国に出かけてしまいます。

5紋8p
イサナキは　追ひ行き見まく　ココリ姫　君これな見そ　なほきかず
ココリ姫がイサナキノ神を厳しく止めたのは何故か、という答えは、これから後に続くホツマの叙述が明瞭に物語っています。

イサナキノ神が妻の後を追って行こうとするその地は、いきいきした生の世界とは反対の「蛆《うじ》たかる穢《きたな》き」処でした。その上、漸く会えた当のイサナミノ神も、夫君が来た事を「我に恥を見せた」とひどく恨みました。

日本民族は、生々発展を心から願う性格を持っています。死は悲しいものであるには違いないが、何人といえども避けて通る訳には行かない、その不可避の死に落ちた人に、如何に愛《いと》おしかろうとも恋々として、生そのものを、ないがしろにしてはならない。そういう戒めがココリ姫の断固たる言葉の意味だったと思われます。

〈その後のイザナキ・イザナミの神〉

斯《か》くして、イサナキノ神はココリ姫の忠告も聞く耳持たず無視するのですが、醜女《しこめ》をはじめ、イサナミノ神にも追われてしまい、逃げる時に足をくじき、足を引きずりながら黄泉の国を脱出するのですが、またもココリ姫に「禊祓いをしなさい」との助言を得て生まれかわったようにイサナミノ神への執着を無くし、生きる事の重要さを覚られるのです。この後、葦原国《あしはらこく》の葦を引き抜き、千五百の小田を開墾され、民の生活を整え、ホツマの教えを広められたのでした。

イザナミノ神はといえば、このホツマ本にはないのですが、ネットに矢張りココリ姫（菊理姫）から、「貴方《あなた》は三人の尊い御子を生まれるのですよ」と聞かされ、イザナミはイサナキノ神を追うのを止めるのでした。一歩先んじて生まれた菊理媛は経験も豊富な上に、そういう使命を持たれた神というべきなのか、的確な助言を発して下さる有り難い神様という事が出来るでしょう。イザナミ・イザナギ二神のご苦労は国生み、神生みなのですが、一番先のヒヨルコは流産で、そこには三回手順としての誤りがあったのです。

3紋から、

八尋《やひろ》の殿に　建つ柱　巡り生まんと　事挙げに　女《め》は左より
男は右に　別れ巡りて　会う時に　女は「あなにえやゑ男」と
男は「わな嬉しゑ少女《おとめ》と　歌い孕《はら》めど月満てず
胞衣《えな》破れ生む　ヒヨルコの　泡と流るる　これもまた　子の数ならず

葦《あし》舟に　流す吾恥《あはじ》（＝淡路）や

一つ目は本来男が左進右退、女は右進左退で、男女は逆回りになった事

二つ目は女が先に声を発するのは順序が違う事。男が先。男は靈・日、女は体・月で霊主体従でなければならない事

三つ目は女の言挙げが「（あ）なにえや」、男の言挙げが「（わ）な嬉し」で、（あ）と（わ）を発する者が逆になっているのです。男は天で、「あ」、女は地で「わ」とならなければならないのです。これによって流産となり、二神は豊受大神にお伺いに、日高見の高天原、宮城《みやぎ》迄行かれるのです。

そこでは歌が五七調ではなく五四調だったので、それでは「事を結ばず」と指摘されたのです。（五四調の歌はこの書には記されていません）それとセキレイ、尾の長い小鳥のお話は略させて頂きます。

そして二回目のやり直しで成功するのです。それが以下で完璧でしょう。

新《さら》に還りて　二神は　新たに巡り　男《を》は左　女《め》は右巡り

相歌ふ　天《あめ》の天地（アワ）歌

「（あ）なにゑや　うまし少女《おとめ》に　会いぬ」時　女神答えて

「（わ）なにやし　うまし男に　会いき」とぞ　和《やわ》して天地（アワ）を胞衣《えな》として。

＊二神の天の浮橋（仲人）は月経の汚血は大体三日で出切るから、出切ってきれいに成ってから

まぐあう（交合）ようにと教えられますが、正常な子を授かるには汚血があってはならないという事なのです。そして交合は男が上で女は下とも教えるのです。何故かというと男は天、女は地で、（アワ）となり天と地の理に叶うからという事なのでしょう。

その点から言うとイザナミノ神がソサノウノ命を生まれる時は、そういった基本的な事はクリアされていたのに、交合の時が日蝕に当っており陰りが影響し、隈《くま》を取り込んでしまったという不運があったとの事で、その後のご苦労は先に記したように、大変なご苦労をされたのでした。

こうして書いてくると本当に御同情に耐えないのですが、唯一「尉《じょう》と姥《うば》」はイザナギ・イザナミの二神という事で我々の見本を演じて下さったのだなあと思えば、只々感謝しきれない思いが沸き上がるのと同時に、良かったなあという安堵の思いもいい気持ちにさせて頂く有り難さを思わずにはいられません。メシヤ様のお歌三首、

伊岐伊美《いきいみ》の　二尊は尉《じょう》と姥《うば》となられせ
　大天地《おおあめつち》を浄めますかも

那岐那美《なぎなみ》の　二尊は尉《じょう》と姥《うば》となられせ
　高砂島《たかさごじま》を浄めますかも

垂乳根《たらちね》の　尉と姥とは桃太郎の　勲《いさおし》（功績・手柄）
　はろばろ待ち給ふらむ

〈日本の国柄〉

日本固有の五元観……アイウエオ

『ホツマツタヱ』には、「アイウエオ」という言葉がはっきりと出てきます。この「アイウエオ」は、万物を構成している元素である、空（うつほ）、風（かぜ）、火（ほ）、水（みず）、埴（はに、ハニワのはにで、土に当たる）の五元素の更に元になる音である事が『ほつま』により分かります。この事を少し考察していきましょう。

日本語の最大の特徴は、五十音図のような表記ができるという事です。日本語は孤立した言語であると述べている学者もいますが、表記に於ても日本語は他の国に例を見ない言語であると言えます。使用言語を五十音図のような整然とした形で整理できるという事は、非常に注目すべき事なのです。何故なら文化人類学に於ても、言語はその国の文化の反映であると考えられているように、言語と文化、思想といったものは切り離すことが出来ないからです。従って、五十音図的な表記体系を持っているという事は文化、思想に於ても整然としたものが存在し得ると考えられるのです。言霊思想から見ても、言葉が全てを生み出すと考えられる訳ですから、その元になる言語が整然とした形に整理できるという事は、生み出されるものも当然整ったものであるという事が出来るでしょう。

この五十音図は、五母韻《ぼいん》を基盤として成り立っています。五母韻をもつ言語は他に、スペイン語、ラテン語、ロシア語、ポーランド語、現代ギリシャ語などがあります。しかし日本のような五十音図的表記が出来る国は他には存在しません。では「ホツマ」の原文。

①18紋6p（オノコロと呪《まじな》ふの紋）

アイウエオ　空（うつほ）風（かぜ）火（ほ）と　水埴（みずはに）の　交わり成れる　御中主神

この僅か二行の文が意味する事は、「アイウエオ」が即ち「空風火水埴・うつほかぜほみずはに＝「うつほかぜ、ひみずつち」を表わしているという事です。

また②14紋6pでは、

空風火（うつほかぜほ）と　水埴（みずはに）の　五（い）つ交わりて
人となる　天御中主神はこれ

という原文と比較すれば分かる様に、天御中主神は人体として出現され、その人体は、「アイウエオ」に基づいた五元素、（空風《うつほかぜ》と、火《ほ》水埴《みずはに》は、火水土）によって形成された事が書かれているのです。

この原文から、

⦿（ア）は空《うつほ》を表わす形、

ᗜ̇（イ）は風を、

◬（ウ）は火《ほ》を

ᘓ̇（エ）は水を、

⊡（オ）は埴を表わす形であると言えます。

然し厳密には、⊙ᗜ̇◬ᘓ̇⊡の共通要素である「・」を省けば、○―空、ᗜ―風、△―火、ᘓ―水、□―埴となります。

空（うつほ、○）という概念（p444）

「ウツホ」は「空」という漢字を当てましたが、決して実体性を否定する意味の「空」（くう）という概念ではなく、全てのものを包み込めるもの、或いは全てのものを生み出す可能性を秘めたものを示している言葉なのです。純粋な日本の考え方には、「空」のような形而上学的《けいじじょうがくてき》な考え方は存在しないのです。

ᗜは風の吹く様、△は炎の形、ᘓは水の流れ、□は四方《よも》、即ち大地を表わしている事が分かります。然しウツホの○はどうなのでしょうか。

③原文14紋5pに、

天地人（あめつちひと）も　分かざるに　ウイの一息　動く時

東登りて　西下り　空（うつほ）に巡り

とあります。「東登りて　西下り」という記述は、地球から見た太陽の動きを思わせます。太陽は、地球からは円を描くように回って見える訳ですから、「空（うつほ）に巡り」の「空（うつほ）」とは、円形として考えられます。従って「ウツホ」は、○の形になる訳です。

④原文14紋5ｐ

陽（ヲ）は清く　軽く巡りて　天《あめ》となり
陰（メ）は中濁り　地《くに》となる　水埴《みずはに》分かれ
陽（ヲ）の空《うつほ》　風生む風も　火《ほ》を生みて
陽（ヲ）は三つとなり　陰（メ）は二つ水埴

③の追加を入れてみます。

天地人《あめつちひと》も　分かざるに　ウイの一息　動く時
東登りて　西下り　空《うつほ》に巡り　天地（アワ）ウビ（濁り、地球）の
巡れる中の　御柱に　裂けて陰陽（メヲ）なる……

これを訳すと、

大宇宙の大元の神である天御祖神《あめのみおやの》が、天地人が未だ分ざる時に、「」（ウイ）の一息を下されると、その息は東に登り、西に下って、空（うつほ）に円形に巡り、天地創造が始まりました。その息の巡りの中に天の御柱が生じ、それを元にして陰（メ）と陽（ヲ）の要素が分かれま

した。

以上が天地創造の全容のようですが、「ウイ」の一息でスイッチが入るのですから、ここまで追求できるのは将に言語が整然とした形に整理出来ているが故に、天地創造という最難問も表現できるのは、この日本の古代文字を除いては、他にはないでしょう。私としては一、二年前に確か、ブラックホールが天体を飲み込む映像が出た事がありましたが、何か「ウイ」の一息のような気がしましたが、今は「つるん」でもいいかなと思ったりしてます。ちょっと難しいですね。

【第六部　完結編】

〈菊理媛の御使命〉

1、メシヤ様の御出生に際し。
菊理媛というお方は、イザナキノ尊とは兄弟の間柄というのは先に取り上げました（「姉・弟？」か「妹・兄？」は不明）、天照大神の御出生には大変なお働きをされました。お腹の中に九十六ヶ月も居られれば随分心配された事でもありましょう。然し神様の胎児が出生されるのは結構幅があるのです。

アメノコヤネノ命は百ヶ月。

タチカラヲノ命は三十六ヶ月
サルタヒコノ命は十六年間というのですから、どうなってるんでしょうか。大らかと言ってもいいんでしょうかね。

そういう緊急事態が長くあったにも関わらず、お腹の赤ん坊と対話が出来たのですから、安心もされたでしょうし、その分誕生の際の希望は大いに膨らんだ事だったでしょう。そして献身的養育を愛でられ菊理媛の称え名を頂いたのでした。そういうお方が何故に私如きどうにもならない輩のもとに深奥の御経綸をお伝え下さったのか、不可解の一語というより外に言葉は無いのです。

ご期待に添えるかどうか分かりませんが精一杯書かせて頂きました。

菊理媛は天照大神の御出生の時は前記のようにお働き下さったのは分かりましたが、メシヤ様の御出生に於ても何らかのお働きがあって然るべきではないかとの結論に達しました。何故ならばメシヤ様の前世は天照大神でもあり、日本の天照天皇で在られた訳で、今生は天照大神の世界的バージョンの天照皇大御神とあれば尚更に何らかのお働きの形跡を遺《のこ》されているのではないか。そこから推理するにはどうしても「大メシヤの大経綸」に行き当たるのです。この資料を贈ってくれた方は広島の若い方で、「よくぞここまで書いてくれたものよ」と感心するのも、如何に自分の勉強ぶりが浅かったかを物語るものでした。「大メシヤの大経綸」という資料の中に、昭和二十八年七月「井上茂登吉邸での御神事」という項目があるのですが、それに就いて考察させて頂こうと思います。

昭和二十八年七月（於井上茂登吉邸）

「あんた（井上茂登吉先生の奥様の事）も三千年前に神様にお仕えしていた因縁のある一人だから話すが、今私はどうしてもやらなければならない事がある。（実はもっと詳しいお話があった）その神事に井上の家を使いたい」と仰せられた。その後度々お出ましになり、秋、熱海にお帰りになるまで続けられた。

その間明主様と井上茂登吉と長谷川ナミ（伊邪那美尊の型・現界の罪を背負う）だけで御神事が行われた。最後の日、「これで間に合った、人類が救われる事になるんだ」と仰せられた。この一節は極めて重要な事であります。メシヤ様がイザナギの尊、長谷川ナミさんをイザナミの尊と見立てられて、最後の「神生み」がなされたとしたらどうでしょうか。面白い事にメシヤ様が『**人知れず行われた御神業**』とはこの「井上邸での御神業」と、御法難時に行われた「静岡の庵《い》原《はら》署の留置所内での神秘な御経綸」しかないのです。しかし何故かこの二件はリンクしているようなのです。

それに就いてメシヤ様と「光の玉」の変遷をサッと見てみましょう。

明治十五年・一八八二年十二月二十三日……岡田茂吉氏御生誕

明治二十五年・一八九二年一月三十日……出口なお大本教を開教『三千世界　一度に開く　梅の花　鬼門の金神の世になりたぞよ』と獅子吼する。

大正十三年・一九二四年・秋……………地図製作者N氏、大本教について質問ありて来訪されし時、一時的にN氏の霊眼が開け岡田氏（メシヤ様）の側《そば》に観世音菩薩を霊視、その後不思議な現象が相次いで身辺に起きる。

大正十五年・昭和一年・一九二六年十二月二十五日………神憑りにより、三ヶ月に亘り啓示を受ける。啓示は便箋で約四百枚。内容は五十万年前から七千年前の日本の創成期、人類史の過去から未来、自分の過去・現在・未来に亘る運命。未来の予言は満州事変や太平洋戦争、戦後の世界情勢の中に現実となって現れる。

昭和一年・一九二六年……………メシヤ様のお腹に「光の玉、観音様の魂」が入られて見真実になられる。四十五歳。

昭和四年・一九二九年五月二十三日………金龍神、岡田大先生の守護神となられる。

昭和六年・一九三一年六月十五日………房州鋸山にて御神事、これにより昼の世界の黎明となる。

昭和十年一九三五年一月元旦……………大日本観音会発足。

昭和二十二年・一九四七年・八月三十日…日本観音教団発足。

昭和二十五年・一九五〇年・二月四日……日本観音教団と五六七（みろく）教団解散、合併して「世界メシヤ教」創立。
岡田の呼称を「明主」とす。観音教団が無くなった事は仏滅を意味する。

〈御法難〉

昭和二十五年・一九五〇年・五月二十九日…明主様、「脱税・経理問題」で清水庵原《いはら》署に同行を求められ留置される。

昭和二十五年・一九五〇年・六月十四日…「留置所で朝方夢を見た。その夢は富士山頂に御殿があり、そこへ登る。辺りは雪景色のあるうちでまだ寒い訳で、梅の咲く頃である。昔から一富士、二鷹、三茄子と言い、こんな良い夢はなく、明日は出られる事と思ったら、翌日（十五日）『君出なさい』と言う。釈放されると思って外へ出ると見知らぬ警官が、『今日は静岡へ行く』……と言う。身の回りのものを整え、自動車に乗せられ、喜んだのは逆で、刑務所の表の方へ着いた。手続きを済まして中へ入ると、新しく出来たアメリカの監獄のようで、これは長くいても辛《つら》くないと思った。

一厘の身魂が宿る……神様に聞くと、『一旦日本の真ん中へ行かなくてはならぬ』と言われた。刑務所は静岡の真ん中になる」

静岡の真ん中は日本の真ん中で、国常立尊様の真ん中であり、そこが経綸の起点という事になるらしい。私のお腹の中に光の玉があり、今迄中に心《しん》がなかった。その種が六月十五日、留置場中で入った。その種が髄《ずい》になる訳である。これは悉《くわ》しくは言えぬ。（この時点で）大本教のお筆先の一厘の身魂で、種が育つに従い、光の玉は大きくなる。そして現界は昼間になるし、現界に大きな変化が起る。即ち大浄化が起る。今迄は霊界だけが昼間であった。すると穢れのある処は全て浄まって行く。これがキリストの言った、世の終わり、最後の審判……である。

（講話集三巻・p351）

昭和二十五年・一九五〇年・六月十五日………「房州鋸山にて御神事、これにより昼の世界の黎明となる」と前に載せましたが、此時は霊界の日の出であり、昭和二十五（一九五〇）年六月十五日が現界が本当の日の出となる。法華経の二十五番目は五×五で日出るで実相世界となる。

（講話集三巻・p355）

〈髄《ずい》、一厘の身魂が入られ神人合一〉

この一厘の身魂は後日明かされたのでした。それが後記です。

「光の玉に」「ヽ」（チョン・最高最貴の御倉板挙之神・みくらたなのかみ）入られ「神人合一」になられる。これ以後神様に伺うという事は無くなる。

『昭和二十五年六月十五日となった。すると朝まだき、今日の重大な意義がハッキリして来た。というのは以前書いた著書に、私のお腹の中に光の玉があるという事で、これを読んだ人は知っているだろうが、この光の玉には今迄魂がなかった。処が愈々今日天から降ったある高位の神様の魂が宿られた、即ち右の御魂が現世に生誕された事になるのである。これからこの神御魂が段々御育ちになり、成人されるに従って、玉の光は漸次輝きを増し、将来大偉徳を発揮さるるに到るのである。

一厘の種はメシヤとは違う。神様のやられる事、計画は非常に深く絶対判らぬ。経綸は最高の神たる国常立尊様でも判らぬと仰せられる。経綸の主体は大弥勒の神で、この神が経綸の中心である。キリストや釈迦も全然判らぬ。必要だけの事しか判らぬ。神秘である。最高の神でも判らぬ。お筆先に「神界の事は判らないと思う人は判ったのである」と。

〈散花結実《さんかけつじつ》〉

昭和二十五（一九五〇）年六月十九日

昼、釈放され、夜渋井が入れ替わりに入った。拘留は二十二日。梅の花五弁（幹部五人）が拘束され散り、実になるべき髄は独立した形になり、これで私は出られた。シベ（渋井）が散った訳である。これを「散花結実」と言われた。

昭和二十五（一九五〇）年二月四日に「世界メシヤ教」が創立されるに当たり「観音教団」と「五六七教団」は解散し、それぞれは分会となるのですが、前者は天国会、後者は「五六七会」で、五六七会のトップは渋井先生で、大ざっぱに言えば何といっても世界メシヤ教の八割はこの方が導かれた信者さんで、あとの二割は天国会の中島先生が導かれた信者さんだったのです。この散花結実に梅の花が散る訳ですが、渋井先生は脳溢血症状が出ているにも拘らず拘留されるのです。御浄霊により脳溢血はほぼ正常になられたが、明主様の御後を慕うが如く五月十七日帰幽されるのである。メシヤ様の帰幽は二月十日であったから、金龍神の後を追って銀龍神となって昇天されたとまことしやかに囁《ささや》かれたのでした。髄を結実させる為の花と散るのが最後の御奉公となられた事は、見事という外ないでしょうね。中島先生は渋井先生よりも古参の先生で、世界メシヤ教創立の昭和二十五年二月四日の前の一月三十一日に帰幽されるのですが、やはりそれなりのお役目での帰幽なのでした。

話は余談ですが、銀龍が昇天されたと書いて思い出しました。三ヶ月の突貫工事で出来た水晶殿に光の柱が立ち昇ったのを見た信者さんを知っているのです。もう亡くなられましたが、私も見たかったなあと思いました。その日、明主様は水晶殿に一泊されるのでした。昭和二十九年十二月十一日の出来事です。霧のようなものが渦巻き上空に登ると次第に金色になって行ったというのです。「自分達の一行は十数人の信者さんがそれを見てますよ」と、もう私の記憶も定かではありませんが、かなり大勢の方が見られていると思います。その信者さんはよく記憶に残っている方なのです。

〈留置所内での御神業〉

メシヤ様は過酷な取り調べで精神に異常を来たす寸前まで追いつめられるほどの聴取を受けるのです。兎に角何にもやってないのに、罪人に仕立てようというのですから無理の連続で、終いには経理に関わった人の生霊を呼び出して聞き、調書を作成するという事態になるのです。それが功を奏し調書が出来るのですが、出来てしまえばあとはやる事も無く退屈しのぎにもなったと仰せられてますが、この時でなくては出来ない案件だったのだと思います。種々の霊を呼び出される訳です。ロシアのスターリン、支那の毛沢東などを始め、宗教家は日蓮や天理教教祖、出口直さんとか弘法大師とか……。勿論スターリンは言う事を聞かないが毛沢東は割合受け入れたという事です。

御出所の約一週間後に朝鮮戦争が始まるのですが、その辺を考慮されスターリンや毛沢東を呼んだのでしょう。全く神様って隙が無いですね。

「来年から本当の浄化が始まる。大体三年間で世界的大掃除で原子戦争にもなる。原子戦争も善い世界を造る為で、大地をきれいに、汚れなき世界を造る。原子爆弾は掃除の為に造られたのである……アメリカも本腰を入れたから、共産軍は敗退するが、行くか行かぬうち台湾が始まる。来月あたり始まるであろう」と。当時は相当に緊迫感があり、朝鮮戦争に続き何時台湾併合が始まる戦争があってもおかしくない状況下で、スターリンや毛沢東を呼び出された事は彼らの本気度を見られる御意図があったのであろうと思えるのです。

世界の種々《いろいろ》な事は、根本の神から出ているので、人間が気を揉んだり、とやかく言うのも馬鹿馬鹿しい。最高の神の経綸は、善悪両方を造って操って居られるのが神である。今度は（この取り調べ）随分苦しんだが、怒っても仕方ない。神様が使って、立派な仕事が出来て行く。但だ悪魔は一時的で勝たぬ。今迄は神が勝つのが遅かった。今度は早くなって五六七（みろく）の世になる。

〈御法難の真相〉

K5p55

「去年の事件の意味というのはその奥にまだある。教団を乗っ取ろうとした大変な邪神があった。その邪神をやっつける為にあの事件を起こした。」

斯くして、今度の大騒動、取り調べの苦痛も、もう一つ奥の処理案件があったのです。この乗っ取りを潰すために大々的家宅捜査を行い、留置所まで入れられたのです。

金龍と言うと、私の『奇跡物語』にあるが、三千年間近江の琵琶湖に潜んでいたのが、昭和四年に琵琶湖から出たが、それがいま活動してます。だから邪神のどんなのでもかなわない。然し彼も、霊界が本当に明るくなった訳ではないから……曇りがあるから、それ丈活動出来ない訳ですね。そこで去年の事件もそういう意味だった。処が去年の事件の意味というのは、その奥にまだあるんです。というのは、教団を乗っ取ろうとした大変な邪神があった。その邪神をやっつける方法として、あの事件を起こした。だから、やっぱり去年のあの事件は邪神をやる方法として、手を緩めてやらせるだけやらせた。だから今読んだ通り、邪神にもまんざら悪い事ばかりではない、良い事もあって、今は感謝してもよい位というのはその事なんです。そういう訳ですから、神様のおやりになる事は、一寸見ただけでは分からない事がよくある。

そこで信者一人一人を引き落とそうとして狙っている。ですから信者の人でも、一寸考え違いしたり、迷ったり。良いと思って間違ったりする。大本教のお筆先に「今は悪人がそこら中入りて居り、一寸の隙も無いぞよ。いつ何時悪心に儘（まま）にされるか分からないから、気を付けるが上にも気を付けたが良いぞよ」とある。みんな、信仰にある者は、抜き身の中にあるような気持ちで、一寸の油断も出来ないという意味で、なかなかうまい事を書いている。

〈先々の御配慮〉

「原爆は恐るるに足らず」と書きましたが、「水爆は恐るるに足らず」とは書けないのです。これは大変な違いなのです。広島の原爆の六百倍と言われてますが正確には分からないのです。では神様がどうしてそんな恐ろしいものを作ったのかというと、これはまた大変な意味があるのです。つまり敵が攻めて来た時に負けてはいけないという根本は防備の精神からで、もし積極的の手段に出るとするとソ連です。これはどんな事をしても世界を制覇しなければならないという事なのですが、スターリンが立派にお手本を見せているから間違いないです。それでは大変だからそれを防がなければならないというのがアメリカの根本です。そこで一番良いのはソ連の一番の幹部、スターリンの衣鉢を継いでいるいわば一握りの人達が改心すればよいのです。それでそういう事の一切を信じられるだけの行動をすればよいのです。例えてみれば、南北朝鮮ですが、これはソ連が始めたのだから、北鮮の軍備を撤廃させて手を握らせるのです。それから中国も、全部蒋介石に返す事も出来ないから半分に区切って、北の方は中共、南の方は蒋介石と言うようにやるのです。中国は大きいから二つに分けても丁度良いです。朝鮮はあんな小さい所だから一つにして良いです。それでソ連も中共も軍備を止してしまってアメリカと握手するのです。そこまで行かないと駄目です。……どうしてもソ連がそこまで行かなければならないのです。そこまで必ず行くのですがただ、時の問題です。然し霊界の動きを見ますと、割合に早そうです。

留置所でスターリンを呼び出された時、生霊として懸らなかったのです。頑として聞かなかったのでしょう。それで、スターリンは救われないというのです。恐らく指導霊は「お前のゆく処はこういう処だ」と知らされたのでしょう。つまり地獄の下、根底の国に六千年苦しみ、その先も復活する事はない、暗黒無明の寒冷地獄と来てはどんな霊でも改心せざるを得ないというのを体感したのでしょう。昭和二十八（一九五三）年三月五日がスターリンの死亡した日で、翌年昭和二十九年四月十六日のお言葉で、「二、三日前にスターリンがだいぶ改心した」と御発表がありますから約一年もかかったのですね。曰く「自分は今まで非常に間違った事をしたからどうか許して貰いたい。いくらか楽になったが、まだ苦しみがあるからそれをはやく許して貰いたい」殊勝な言葉が出るという事は第三次大戦は少なくとも水爆からは免れると思ってもいいのではなかろうか。

メシヤ様の御浄化は昭和二十九（一九五四）年四月十九日ですからスレスレの三日だったのですね。まさに神業で、天照大神の先々の御配慮と同様にメシヤ様も信者に心配をかけない様に、希望を持てるようにとの御配慮は身に沁みるものがありますね。どんなに感謝してもしきれるものではありません。

『これで間に合った、人類は救われる事になるんだ』。こんな言葉を発する神様は世界中探してもいる筈もなく、またこの言を聴いて即、解する人間も居る訳がないのです。然しメシヤ様を知る人間は何の抵抗もなくそれを受け入れられるのです。

〈光の玉の成長〉

一寸大きく回り道をしてしまいましたが、『人知れず行われた御神業』は二件あり、一つは清水刑務所の留置所内で「お腹の光の玉に最高最貴の神魂が降臨された事」、もう一つは「井上茂登吉邸での御神事」で「二つはリンクしている」と書きましたが、重大な御神業であればある程人知れず行われるのですね。そしてリンク（連動）というより一貫した流れになっているのです。それが光の玉の成長なのです。昭和二十五（一九五〇）年、六月十五日に一厘の神魂が光の玉に入り、その御魂が育つに従い光の玉も大きくなるのですが、昭和二十八（一九五三）年九月二十三日には『私のお腹にある光の玉はだいぶ大きくなって、この日光殿の大きさ位にはなってます』とのお言葉があったのです。ピンポン玉より少し大きい位な光の玉が三年ちょっとで百畳敷き位な日光殿になられたのですから驚異的速さです。そして昭和二十九（一九五四）年四月二十日『この度私の腹中にメシヤが誕生したから、産土宮《うぶすなぐう》である伊豆山神社に私の代参として、参拝し御礼を言上して来なさい』とお命じ遊ばされ、阿部執事が代参されたと記録があるのです。然しこの事は、「最高の神様ならそれ位な事はやられるでしょう」と思う反面、「メシヤ様は男性であり、男性に受精卵は出来ない筈だが、まあ観音様なら男であり女でも在られる訳だから両性を持ち合わせておられるから左もあらん」と一応は頷《うなず》けますが、もう一歩深入りすると昭和二十八（一九五三）年七月から秋にかけての井上茂登吉邸での御神事から十月十日（とつきとうか）が、少しアバウトですが、昭和二十九（一九五四）年、四月十日ですから、この日はメシヤ様の腹中にメシヤが誕生された事を産土宮に御礼に行かれた事になってますので、妊婦さんが出産したというのであれば合う訳です。それがメシヤ様の御出産となるとウームと考えてしまいますね。そこで、井上邸での御神事はイザナギ、イザナミの最後の神生みで、しかも最高最貴の御神霊が御生まれになるにはやはりイザナミの力が必要であったという事にならざるを得ず、井上茂登吉邸での御神事となったという事になるのです。勿論肉体を伴って生まれられた訳ではなく、メシヤ様が最高最貴の御神霊として新たに生まれられたという結論になる訳で、その御神事が出来た事により、「これで間に合った、人類は救われる事になるのだ」というお言葉になったのです。何という御配慮だろうか、その光の玉も現在では世界大に大きくなったのです。

私達世界メシヤ教ではメシヤ様が昭和三十年三月三日にメシヤ降誕本祝典を執り行うとの予定がメシヤ様の昭和三十年二月十日の御昇天により本祝典は叶わぬものとなったのです。然し、昭和二十九年六月十五日の地上天国祭はメシヤ降誕仮祝典が執り行なわれており、メシヤ様の御肉体を以て「天照皇大御神」と奉唱させて頂けたのでした。とすれば、いつか必ず本祝典が執り行なわれなければ御経綸は先に進む事は出来ないという事で、平成三十年三月三日に本祝典を執り行わせて頂けたのでした。平成は天皇様が三十年四月三十日に御退位されたのですから、平成は三・三・三と並ぶ数字を辛うじて以て終わる事になるのですから、本祝典の引継ぎは無事に終えて平成は終わるのですから実に絶妙で、天皇陛下が史上初めての譲位という観点からも平成に執り行う事は当初からの決定事項というしかないでしょう。

それもこれもメシヤ降誕仮祝典も、又その十日前の昭和二十九年六月五日の熱海碧雲荘での資格者を招集され、庭の玉砂利に敷かれた筵《むしろ》の上に資格者を案内されてお言葉を述べられたその内容は、『メシヤが生まれ変わるのではなくて、新しく生まれる訳です。年よりになって生まれるのも変ですが、面白いのは皮膚が赤ん坊の皮膚みたいに柔らかくなっているし、白髪が黒髪になってきている。今度の事に就ては奇跡っていうどころじゃない、奇跡以上の奇跡が沢山あった。メシヤってぇのは世界一で最高の位なんです。西洋では王の王という事になってますが、キングオブキングと言ってね、だから私が出て初めて人類は救われるんだから、大変な事件なんです。十五日にはもっと詳しい話が出来ると思います。』で終わっているのですが、十日後の仮祝典には詳しい話など一切なかったのです。この事件に於ける適切なる対処を救われる側はやり損ねた結果、本祝典は昭和から平成まで延期となったのです。事件の対処とは何か。唯一《ゆいいつ》気が付かれたのは野沢先生だったのです。それは、救世主が出られたのなら、今までの間違い、罪を心底お詫びしなければ許されるものではない。よって救われる事も無くなる、お詫びがあって救って頂けるのだから先ずお詫びが必要である旨進言すれど、仮祝典と玉砂利のお白州の場での二度の御詫びの機会を逃してしまったのでした。よって平成の本祝典は平成三十年二月三日の節分祭の国常立尊様への、艮《うしとら》（北東）に押し込め奉った御詫びから入ったのです。節分の豆撒きは大変な御無礼でいくら謝っても謝り切れるものではないほどの罪を重ねて来たのです。国常立尊様はホツマには最高神となって居られますから、飛んでもない御無礼な事をやってしまったのです。この国常立尊様は艮の方角北海道芦別山に押し込められ、「炒豆《いりまめ》に花が咲いたら出て来い」と火で炒《い》った豆をぶつけたのです。一旦火で炒った豆は二度と芽を出さない事から、「絶対に出て来るな」という意味です。そういう事を自覚する日本人はどのくらいいるでしょうか。お寒い限りです。国常立尊様は霊界で閻魔大王となられ、光の玉が世界大に大きくなった今、現界の閻魔大王として出現されたのです。国常立尊様は裁き主であると同時に「罪の許し主」でもあり、それがメシヤ様でもあるのです。メシヤは救世主であり、裁きがあって救いもある訳ですから掌の裏表のようなもので、二つは一体という事が出来るでしょう。兎に角大変な時期に来てしまったのです。なるが故に菊理媛は神奥の霊界の様子をお知らせ下さったとしか思えないのです。

昭和二十五（一九五〇）年六月十五日に光の玉に神魂が入られ、三年後の昭和二十八（一九五三）年九月二十三日に「日光殿」くらいの大きさ（百畳はありそう）で、霊界通信を受けたのは、平成二十一（二〇〇九）年八月六日ですから、日光殿の大きさから五十六年後で、恐らく光の玉は世界大に成長された事を知らされたものであり、菊理姫はメシヤ様が無事に御成長遊ばされた事を寿がれ、御用を頂く神々の様子はやがて現界に移写し忙しくなる事を想起させられたのではないかと思うのです。

私達は「世界メシヤ教」と名乗ってますが小さな団体です。その小さなものの使命は「世界救世教」の復興という特殊部隊らしいですから、「世界救世教」でやり過ごしてしまった「御詫び」と「メシヤ降誕本祝典」を完遂し、今後における参拝時の御神名も明かされ、救いの玉は世界大に大きくなられたとすれば、「最後の審判」の救いの準備とその後の「新しい世」の建設は準備万端整った、という事が出来るでしょう。

然し井上邸での御神事により『これで間に合った、人類が救われるのだ』とのお言葉も、昭和二十九（一九五四）年四月二十四日には『今、大峠を見せられた。それは私の想像したよりも、実に酷かったので、非常に悲しい思いがしている。結局、人類が滅びる事を一番悲しむのは、誰でもない神だよ』とのお言葉は重いものがありますね。神様を喜ばせる程の御用をしたい。否、させて頂き度い!!

〈大峠について〉

キリスト教に於ては「最後の審判」、仏教に於ては「法滅尽」として予言された人類の宿命とも言われる一大イベントで、個人個人の正邪善悪が問われる事で、その後に来る「新しい世」、「理想世界」或いは「みろくの世」に順応できるかどうかが問われる事になる、一定の試練の期今は世界的大浄化作用が始まっている事をいろんな角度で神様はお知らせ下さっているのです。そして濁り穢いものは浄化され、浄化作用に耐えられない人は御国替えという事になるのです。人間は清濁によって分けられるという事で、間という事が出来るでしょう。もっと簡単に言えば、

〈コロナウイルス〉

令和二年は前記ウイルスに翻弄された年という事が出来るでしょう。対応に追われて、『医療崩壊』という新しい言葉が生まれました。医療は「進歩した、進歩した」と言われる割には大騒ぎで、ウイルスの恐怖は三密（密閉、密集、密接）で防御し、外出も自粛要請やら経済的危機に至らしめている事は、どこか間違ってはいませんかと申し上げるしかなく、耳が痛いでしょうがじっくりと検討して頂きたいのです。

・病気とは人間の健康を維持するための浄化作用で、決して悪いものではなく無くてはならない神様が与えられた健康作用で、浄化が終わればより健康になれる事、故に病気とは悪化作用ではない事。

・ウイルスや黴菌と言われる生物は、体の掃除としての役目で出て来るものだから悪者どころか善玉で大いに働いてもらえばいいのです。体内の汚物を食って、食ったやつから排泄されるのですから、有難い生物なんだから消毒で殺す事など逆効果で何時まで経っても症状は解決されず、消毒薬の毒素を追加して、何時まで経っても解決しないし、余計な苦痛を与える分、むし

ろ危険性は増すのです。病気を治そうと思って飲む薬が次の病原になる。

・手術の進歩を医学の進歩と考えておられるようですが、確かに技術は進歩してると思いますが、治病出来ないから手術に頼るので、長期的に見ると危ういものを感じます。このように私には医学というものは決して進歩しているとは思えないのです。それを進歩していると思っているのは非常に危険で、危険を知らせる第一段がコロナウイルスと言ってもいいのではないかと思っているのです。何故かと言えば、現代医学は兎に角、病気に対しては薬物使用で症状を抑え込み、折角出ようとした毒素を出さず、薬物で病気の種を仕込んでいるようなもので、その限界に来ていてこれ以上はもうヨセとの天の知らせで、いよいよ本格的な世界的浄化作用をおっぱじめられたと思ったのです。ですから非常に喜ばしい時が来たとの思いなのです。結局現代医学はもうその役目を終えたので、頭を切り替えろという事のようです。これからは固め療法は終わって溶かす療法に切り替わるという事です。

要するに体内は汚濁されて世界的大浄化の時代には裁かれる側になってしまうのです。その警告がコロナ騒動という事になると見ていいと思います。

〈医学の使命〉

今迄は医学も必要であった。然し何時までも必要であるかと言えばそうではないのです。メシヤ様の御教えによれば夜の時代の医術であって、昼の世界では通用しなくなるのです。夜の時代では浄化作用という毒素排泄作用を薬という毒素によって体を弱らせ浄化作用を妨害し折角出ようとした毒素を固めてしまうのです。この固めるというのは溶かして出すよりも夜の世界では手っ取り早かったのです。何せ夜は月の世界で露が降り、寒ければ凍ってしまいます。即ちこれが固める作用の方が有利であったという事。更に深い神様の深謀遠慮は、夜の時代は物質文化を発展させるには人間の体を弱らせ、薬という人体にとっては異物を入れて体が弱った分、道具や機械を発達させるという目的も時代がなせる業として容認されたものであり、体内に異物が入れば不快感によって争いも次々と生まれ、その大きなものが戦争で、それが又物質文化を進展させる役目となるという訳で物質文化は今日の如き絢爛たる進展を見たのです。然し昼の世界に入れば固める医療ではもはや通用しなくなるのです。太陽の働きは熱によって毒素を溶かして排泄させる方が有利となり真の健康者を造り、綺麗な弥勒の世にふさわしい人間となり、最終の御目的たる地上天国の出現となるのですから、その世界にふさわしい救われる側の人と成れる訳です。

我々はこの「夜昼転換」を知らなければならないのです。

〈夜昼転換《やちゅうてんかん》〉

要点をそのまま載せます。

已《すで》に述べた如く人間は霊と体との両原素から成り立っていると同様、地上と雖《いえど》も霊界と現界との両面から成り立っており、その霊界もまた二つの原素から成り立っている。その一つは霊気界、今一つは空気界である。そうして前者の本質は火主水従であり、後者のそれは水主火従であり、即ち陽と陰である。この理によって万物は太陽の精と月の精が抱合一体となって地球を哺育している。つまり父と母が協力して子を育てるようなものである。と言う様に日月地の三位一体によって生まれる。これが自然力であって、これによって一切万有は生成化育されているのであって、これが宇宙の真相である。然もその中心としての王者が人間であるから、人間なる者は神を除いての最高位の存在である。この故に万物は人間の為に存在し、人間を哺育する以外の何物でもないのである。

以上は人間と宇宙との関係であるが、ここに驚くべき大異変が近づきつつあるのである。それは史上空前の一大驚異であって、今日迄の世界は夜の世界であったのが今や昼の世界に転換せんとする、その黎明期が現在であると言ったら、恐らく何人と雖《いえど》も何が何やら見当がつかないであろう。そこで言うであろう。昼と夜とは一日の内にあるだけではないか。それを時代的に結び付けるなどは荒唐《こうとう》無稽《むけい》も甚だしいとして一笑に附するであろうが、それも無理はない。私と雖も真相を知らないとしたらそう思うのは勿論である。併《しか》し私は神事によって知り得た以上、信ぜざるを得ないのである。然もこれは真理である以上、この文をよく読めば必ず納得がゆく筈である。

以上の如く火主水従の霊気界、水主火従の空気界の両素が渾然融合し大気界が構成され、この地球を囲繞（いじょう又は、いにょう・とりかこむ）しているのであって、五感で分かる一日の昼夜なるものは、言わば体的昼夜であって、これとは別に時間を超越した霊的昼夜のある事を知らねばならない。これこそ最も重要な意義であり、宇宙の大神秘である。即ち現界の昼夜を無限大に拡げたようなもので空と同様であるから人間には分からないが、併し規則正しく流転しつつある。然もそれが十年に、百年に、千年、万年といったように大中小になっている。その一期間は三、六、九合計十八になっており、これが宇宙の実相である。

ここで今一つの重要事がある。それは前記の如く物質文化発達の途上長年月に亘って犯した悪主善従による罪穢の堆積《たいせき》である。これを人間に就いていえば、体的には薬毒であり、霊的には悪による曇りである。これが霊界に於ける火素の増量によって、浄化作用も旺盛となり、最後は決定的清算が行われるのである。これが又キリストの曰った最後の審判でもあるとしたら、この難関を切り抜けなければならないが、それに失敗したら何人を問わず永遠の滅びとなるのである。……これを信ずる信じないはその人の勝手だが、私は信じられる証拠としての奇跡を現わしつつある現在、何ら疑う処はない筈である。

――『浄霊は科学療法なり』（二）から抜萃

〈浄霊とは〉

私は生まれて此の方七十一年間一服の薬も使用した事はありません。ですからお医者さんに掛った事は無いのです。それは『元々生まれつき元気だから』と言われそうですがそうでもないのです。父親の方はまあ頑丈な方だと思いますが、母親は「ぼっこれ洗濯機」と言われた程で、学校から帰ってまともに起きている事はまれで、何時も寝込んでばかりという印象が強く、私は母親の系統を引いていると思っているのです。まあ大病と言えば中学校の時にお腹の痛みで五日間飲まず食わずで過ごした記憶がありますが、お医者にかかってないので正式な病名は分かりませんが、母親が言うには「腸チフス」じゃないかという事でしたが、浄霊という病気治癒方法で、家族だけの浄霊を頂き、五日後に下痢が出て腹痛は治ったのでした。ですから病名はどうでもいいのです。只お腹の毒素が溶けて排泄し治ったというに過ぎないのです。風邪や腰痛、歯痛などは自分で自己浄霊をして治していたのです。ですから浄霊というのは薬に代わる治病法な訳ですが、兎に角患部に向かって掌をかざすだけで病気が治るのですから便利です。

どうして病気が治るのかというと、掌から前記の火素が霊体の曇りを焼いてしまい毒素が排泄されて治るのです。ですから光の玉の世界大の成長は浄霊の効き目が顕著になる反面、薬毒が余りに多ければ浄化に耐えきれず亡くなられるのも早くなるでしょうし、そこは本人の判断次第でしょう。仮に亡くなったとしても少しでもきれいになって霊界に還ればきれいな所へ行けるのは間違いない事は確かです。もっと本質的な事を言えば、世の大峠、最後の審判を乗り越える手段として神様が与えられた治病法であったのです。生き変わり死に変わり長年の薬剤使用により固められた毒素が太陽の活動によって溶かされ、病気氾濫時代が来るからそれを乗り越えるには普段からの体内毒素をなし崩しにするより外に無いのです。ノアの方舟は大洪水で「水の洗礼」でありましたが、これから始まるのは「火の洗礼」で火の洗礼での方舟、唯一助かる方法こそ神様が用意された浄霊法と言えるのです。

〈火の洗礼〉

太陽の働きによる火の洗礼と言いましたが、「火」とは一体どういうものなのか。火の炎《ほのお》は物質か？　水は物質か？　土は物質である事は分かります。とすれば水は半物質と言ってもいいでしょう。処が火は半物質とも言えません。

ホツマではどう言っているのでしょうか。

原文14紋5ｐには、

この宇宙の構成要素は、「空風火水埴」。

空（うつほ）・風（かぜ）・火（ほ）・水（みず）・埴（はに）

（火　水　土）

までで、物質文化時代に於ても宇宙の構成要素で終わっています。よって、火は火としか言えないのです。同じように生命力とは何かと言われても答えに窮するでしょう。これを明確にするとしたらメシヤ様にお願いするよりないのです。そこでメシヤ様の御教えは宇宙の構成要素は「火水土」で、それを「火素・水素・土素」と呼び、「太陽・月・地球」の宇宙の構成要素に重ねたのです。そしてそれぞれは「靈」と「体」から成り立っており、勿論人間も霊と体から成って居り「火素」の本質は太陽の精で、「体」は光と熱の限界があるが、「靈熱である火素」は限度がない程の高度で科学では発見出来なかったし、発見出来ても人為的には造り得なかった。その霊熱が火素で、人間の体内毒素は靈の曇りとなっており、曇りを火素で焼いて溶解して病気を治すのが浄霊法で、神界で新しく生まれられたメシヤ様と霊線で繋がれば、誰でもが出来る治病法という事なのです。

そこで霊線を繋ぐとは、

『入会者の氏名、年齢、職業を私に報告するだけでよい』『想念さえキチンとしておればよろしい。私に名前を書いて来い。私は名前を見たらそれでいいから』とのお言葉があるのです。最奥の神界のメシヤ様との霊線が繋がる事はどれほど幸運であるかを知る事となるでしょう。

世界中の人がメシヤ様を天御祖神である事を認識し、一体となり、「直ぐなる心」が出来た時、地上天国は完成されるのだと思います。

最後に決定版を紹介させて頂いて終わる事に致します。

〈一言、最近の危惧する事をお伝えします。〉

—令和二（二〇二〇）年十月一日「産経紙」より十六人に一人が体外受精児—

平成三十年　最多五、六万人誕生

という記事が載りました。外見は普通の子供なのでしょうが、魂まで正常かというと、これがどうも怪しいのです。凍結受精卵で生まれてくる子もいたら、子供の将来を考えた時、まず今まで生まれてきた子の追跡調査をやるべきでしょう。それとそもそも不妊治療をやらなければならない事自態、生命力が無くなってしまった原因に気付かないといけないのではないかと思います。

令和二年、二〇二〇年一〇月三日（完）

〈気候の変化〉

毎年のように大雨が降っては氾濫し、被害者のご苦労は実にお気の毒ですが、

他人《ひと》事《ごと》と　思いし事も何時しかに
我が身の上に降りかかる世や

で、何時かは誰もがこの様な浄化を頂く事は覚悟しなくてはならない時になったという事でしょう。

気候のCO_2増加による温暖化と言われてますが、そればかりではないのです。一番は「光の玉が世界大になった」事による温暖化と言ってもいいでしょう。何故かと言えば世界大に大きくなった光の玉は、太陽の火素の増大を意味しますから、その火素の増大によって、前記のような体内毒素の溶解が始まり、病気症状もこれからどんなものが出て来てもおかしくなく、台風や温暖化による熱波、洪水と翻弄される事も覚悟しておかなければならないでしょう。

菊理姫《きくりひめ》とは白山比咩《しらやまひめ》のことです。

神社で一番数が多いのは八幡様で七千八百十七社、次が伊勢神宮の四千四百二十五社、白山比咩を祀る神社は千八百九十三社で八位というのですから結構な数です。ところがそれ程の数の神社を擁して世に知られた白山比咩の神様に関しては杳《よう》としてはっきりしないのです。平成二十年に帰幽した信者さんが、「先生（筆者の父）と一緒に菊理媛にお仕えしています」との霊界通信はどういう目的でお知らせ下さったのか。

メシヤ教の私達は昭和二十九年六月十五日のメシヤ降誕仮祝典を平成二十九年六月十五日に再現し、昭和と平成を繋ぎ、本来あるべき筈だった昭和三十年三月三日のメシヤ降誕本祝典は、メシヤ様は神界に御帰還遊ばされており、取り残された御神業を、平成三十年三月三日に再現し、メシヤとしての御降誕を確かなものとし、メシヤ様を現界にお出しさせて頂いたのでした。勿論御肉体としての御出現は光の玉が世界大になられた今は、肉体に入る訳もなく叶わないとしても……祭典中、私の耳に「チリンチリン」と鳴らされた音と共に、「梅の高貴な香り」をお示し下されたのでした。

そして箱根光明殿での御参拝の御神名は「主之大御神《すのおおみかみ》」、奥津城での御参拝の御神名は「メシヤ大御神」、熱海救世（メシヤ）会館での御参拝の御神名には「大弥勒大御神《おおみろくおおみかみ》」と奉唱させて頂く事になったのでした。

勿論北海道の伊都能売観音様は、伊都能売神としての本来の御姿に戻って頂く可く御出現を執り行わせて頂き、国常立尊様には節分祭と立春祭には何といっても御詫びしかないのですから、御詫びのお許しを頂く可く、「二度と押し込め奉るような事はしません。」と御誓約させて頂き、御神業に邁進させて頂く事もそれぞれ御誓約させて頂いたのでした。

いずれこういう段階に入る御神業を見据え、「裁きがあるから救いがあるんだ」「国常立尊様の裁きがあるから伊都能売の神様の救いがあるのだ」との青枠の先生の御指摘は準備万端の域に入ったのです。

最後に私の知人、乙梨恵さんから聞いた体験話等を載せてみたいと思います。

「イメージが飛んできて、福井にある九頭龍の祀られている神社を探して行った時、霊界の扉を開く為に行き、前世も分かりました。案内して下さった世話人さんがある先生にコンタクトを取って下さり、その先生が来た理由を話して下さり、最後に『今から菊理媛の祀られている白山神社に行け』と言われましたが先生も世話人さんも初対面で『無理です』と断ると『白山に登れと言っているのではない、近くに白山神社があるからそこから遥拝すれば良いんだ、そこの人達は連れて行ってくれるから頼みなさい』と何度も『行け』『行けません』の押し問答、どちらも頑固で最後に先生が『何言ってんだ！　菊理媛様は宇宙創世の一番初めの凄い重要な神様なのにそれを行かないでどうするんだ。』と言われましたが、その後、先生は『言った記憶も無く知らないし、言わされたんですね』と言われ……（文献には無いと思われる）。その時の私は菊理媛様の事は全く知らず聞いた事も無く、『また必ず出直して来ますので今回は許して下さい』と帰りました。

次回に白山神社にお参りしましたが、何処にも『菊理媛』と書かれた所がありません。仕方なく『白山妙理大権現』と書かれたお堂の所で祝詞を上げ御挨拶をしました。その後、庭山さんとの話の中で白山妙理大権現＝菊理媛と分かりました。菊理媛大神は日本書紀に一ヶ所だけ登場、黄泉の国との境界で対峙する伊弉諾尊、伊弉冊尊二神の前に現れたのが菊理媛で夫婦喧嘩の仲裁をして、その言葉を聞き入れた伊弉諾尊は、黄泉の国の穢れを水で洗い浄める禊を行い、その時に天照大御神や月読尊、素戔嗚尊ら多くの神々が生まれたとあります。謎に包まれた国津神、別名白山権現、白山妙理、白山媛神、この神が知られたのは泰澄大師が夢のお告げで、白山山頂に登って修行を続けると目の前に九頭龍が現れ、さらに一心に祈ると妙理大権現の本地仏である十一面観音の姿に変わりました、実は菊理媛様の化身で、ここから白山信仰が始まったのです。菊理媛様は『くくり』と云い人の縁を結ぶ。

一時一九九〇年位まで埋没神として押し込められた様な形になった、これは国常立神様と同じ運命を菊理媛様も辿られた。十一面観音の化身だから試練を与え神格は最高創造主、即ち観音様、観音主神論。天と地を結ぶ役割から田の漢字が菊理媛様を表わす〇に十で、縦線と横線が交わりくるくる回る。また北神老祖、至聖先天老祖（紅卍会の元）北極星の神様が物凄い救いの神様、その至聖先天老祖より神格が上、老祖は配下、道教の天帝よりも菊理媛様の方が上と聞いた事がある。宇宙の惑星と恒星と水星の軌道を変える事が出来る、人の魂を司どる神様でもある。世界情勢の仕組みは、この神によって頂いている。ヤーヴェもエホバ、アラー、聖王母も菊理媛大神様の御魂の一部、それ程素晴らしい神様。

菊理媛様は時が来て今、世界の中心として……。」

【完】

［注釈］同じ神様でも神名が、それぞれ変わるのは、神様はお働きによりいくつものお名前を持たれる事がある。引用している各著作の筆者による解釈によっても異なる。

■参考文献等

『岡田茂吉全集』岡田茂吉／著、『岡田茂吉全集』編集委員会／編
『文明の創造』岡田茂吉／著、東京黎明教会
『今を生きるたった一つの道』橋　香道／著、宣研
『人類は生き残れるか』浜本末造／著、霞ケ関書房
『終末の世の様相と明日への宣言』浜本末造／著、霞ケ関書房
『古事記』岩波書店（岩波文庫）
『現代語訳日本書紀』福永武彦／訳、河出書房新社
『万葉集』岩波書店（岩波文庫）
『秘められた日本古代史　ホツマツタへ』松本善之助／著、毎日新聞社
『言霊―ホツマ』鳥居礼／著、たま出版
『日本書紀入門』竹田恒泰／著、久野　潤／著、ビジネス社
『大判ビジュアル図解―大迫力！　写真と絵でわかる古事記・日本書紀』加唐亜紀／著、西東社
「旧約聖書」
「新約聖書」
「古語拾遺」
「神道大辞典」

「光友雑話」

「阿含集」

その他、インターネット等より。

著者略歴

庭山石松（にわやま・いしまつ）

1914（大正3）年10月11日、新潟市に生まれる。福島大学卒業。
昭和10年12月、軍隊時代。
昭和21年6月世界メシア教入会。
昭和39年6月浄霊医術普及会入会。
1994（平成6）年8月11日、没。

庭山光太郎（にわやま・こうたろう）

1949（昭和24）年6月18日、新潟市にて、庭山石松の長男として生まれる。
北越高校卒業。
昭和43年4月、亀田製菓株式会社入社。
2021（令和3）年1月10日、没。

この世の結び　菊理媛《くくりひめ》

2023年3月3日　第1刷発行

著　者　庭山石松　庭山光太郎
企　画　庭山廣子・松　乙梨惠
発行人　大杉　剛
発行所　株式会社 風詠社
〒553-0001　大阪市福島区海老江5-2-2
大拓ビル5-7階
℡ 06（6136）8657　https://fueisha.com/
発売元　株式会社 星雲社
（共同出版社・流通責任出版社）
〒112-0005　東京都文京区水道1-3-30
℡ 03（3868）3275
装幀　2DAY
印刷・製本　シナノ印刷株式会社

ISBN978-4-434-31251-9 C0014

乱丁・落丁本は風詠社宛にお送りください。お取り替えいたします。